Securitization:
Past, Present and Future

资产证券化
过去、现在及未来

所罗门·Y. 迪古　　阿尔珀·喀拉 [著]
(Solomon Y Deku)　(Alper Kara)

崔梦婷 [译]　　　董　静 [审校]

中国金融出版社

责任编辑：王雪珂

责任校对：张志文

责任印制：陈晓川

北京版权合同登记图字 01－2018－3753

《资产证券化：过去、现在及未来》一书中文简体字版专有出版权属中国金融出版社所有，不得翻印。

图书在版编目（CIP）数据

资产证券化：过去、现在及未来/（英）所罗门·迪古，（英）阿尔珀·喀拉著；崔梦婷译. —北京：中国金融出版社，2018.12

ISBN 978－7－5049－9666－4

Ⅰ.①资…　Ⅱ.①所…②阿…③崔…　Ⅲ.①资产证券化—研究
Ⅳ.①F830.91

中国版本图书馆 CIP 数据核字（2018）第 162763 号

出版
发行　**中国金融出版社**

社址　北京市丰台区益泽路 2 号

市场开发部　（010）63266347，63805472，63439533（传真）

网 上 书 店　http：//www.chinafph.com
　　　　　　　（010）63286832，63365686（传真）

读者服务部　（010）66070833，62568380

邮编　100071

经销　新华书店

印刷　保利达印务有限公司

尺寸　169 毫米×239 毫米

印张　9.5

字数　134 千

版次　2018 年 12 月第 1 版

印次　2018 年 12 月第 1 次印刷

定价　46.00 元

ISBN 978－7－5049－9666－4

如出现印装错误本社负责调换　联系电话（010）63263947

前　　言

本书对全球资产证券化市场的前世今生进行了全面性的阐述，探究了资产证券化产生的途径和原因，并分析了多种资产证券化工具。通过对理论依据的分析，本书详述了资产证券化是如何影响银行借贷行为的，以及作为在经济层面能够有效规避风险的创新机制，资产证券化为何会造成2007年到2009年的国际金融危机。本书还鉴于金融危机后的监管变革，探究了资产证券化市场未来的发展。

本书有几个目的。第一，通过分析金融危机前后的理论研究和实证研究，本书致力于探究资产证券化对金融中介以及借贷行为是否有影响、有何种影响。本书的特色在于，以危机前资产证券化相关方面的论证为对照，通过评估目前的实证研究，引起了更多对持续发展的危机后期学术研究的关注。第二，本书力求探究在资产证券化交易存在内部信息不对称的情况下汇款行与投资者之间的关系，通过对银行是否以及如何在金融危机爆发前误导投资者购买低质量的证券化资产的相关学术研究的分析，本书对此提供了独特的见解。第三，本书旨在找出金融危机爆发时存在的监管缺陷，以及新监管举措是否阻碍了理想水平下资产证券化市场的市场活动。

本书的另一个特色是全书对美国和欧洲市场进行了对比，这两个市场是全球资产证券化市场的重要组成部分，它们在结构、产品、历史发展历程以及监管方面都存在些许不同。鉴于这些发人深思的见解，本书应该对学生、从业者以及学者大有裨益。

我们特别感谢马丁·沙谢尔（Martin Scheicher）以及斯蒂芬妮·韦迈尔（Stefanie Wehmeyer）在撰写第8章所作出的贡献，感谢大卫·马克斯－伊巴涅斯（David Marques－Ibanez）、史蒂芬·欧格娜（Steven Ongena）、耶内尔·阿尔特巴斯（Yener Altunbas）、菲利普·莫利纽（Philip Moly-neux）、艾丁·奥兹坎（Aydin Ozkan）、马克·罗兹（Mark Rhodes）、埃尔维斯·赫尔南德斯－佩尔多莫（Elvis Hernandez－Perdomo）、冷静思、阿尔贝托·弗朗哥·波佐洛（Alberto Franco Pozzolo）以及赫尔大学和拉夫堡大学研讨班的成员，感谢他们所做出的具有建设性价值的评论、建议和支持，为本书众多章节提供了原始材料。还要感谢娜塔莎·登比（Natasha Denby）对本书手稿的审校以及斯蒂芬妮·喀拉提供了本书的封面。最后，感谢我们的家庭以及爱我们的人在撰写期间对我们的耐心和支持。

本书所表达的观点仅代表作者本身，并不代表赫尔大学和拉夫堡大学的任何观点。

所罗门·Y. 迪古

阿尔珀·喀拉

目　　录

第 1 章

介绍

资产证券化极大地改变了银行从传统银行借贷向交易银行业务的金融中介角色的转变，通过资产证券化，银行将非流动贷款转变为市场证券，将自身的信贷风险向外部投资者转移，并且为未来更多的放贷募集新的资金，这一角色的转变对银行绩效以及放贷行为产生了较大的影响。在 2007 年到 2009 年的国际金融危机爆发前，资产证券化被看作在经济层面能够有效规避风险的创新机制，同时能够增加信贷供给，增强金融体系的弹性及稳定性。与此相反，一些对资产证券化持有怀疑态度的观点认为资产证券化弱化了银行审查和监管动机，促使银行保留风险更高的贷款，增加银行风险偏好，使银行放松放贷标准，从而增加金融体系的不稳定性。

资产证券化被看作是造成 2007 年到 2009 年国际金融危机的主要因素之一，危机后的实证研究发现了更多资产证券化对银行行为产生负面影响的证据。随着 ABS 价值急剧下降后资产证券化需求的锐减，资产证券化市场的活动骤然停止，投资者无法通过依凭信贷评级来保护自身，信贷评级机构的方法不会随着这些证券复杂性的增加而改变，并且审慎监管力度并不足够。在 2008 年国际金融危机爆发十年后的今天，政策制定者意识到了资产证券化对金融体系潜在的积极影响，他们开始考虑通过政策抉择让资产证券化市场重新活跃起来。

在本书中，我们对资产证券化市场的历史进程以及当今发展做了总体的概述，通过分析现存的文献以及实证研究，我们致力于探究资产证券化是否以及如何影响银行的借贷行为，以及其在 2007 年到 2009 年的国际金融危机中究竟扮演了何种角色。鉴于资产证券化对金融体系的潜在积极影响，全球的政府当局尤其是欧洲政府都渴望在危机后期重新活跃资产证券化市场，一个针对资产证券化资产的、功能完备的市场能够增加长期金融稳定性，活跃的市场可能有益于银行和非银行发起人、借款人以及投资者。更好地了解危机前资产证券化市场的情况有助于建立一个强健的资产证券化市场，我们希望本书能够在这个方面提供更好的帮助。

本书分为三个部分，第一部分（第 2 章、第 3 章以及第 4 章）阐述了资产证券化机制和多样化的工具，并且简要概述了欧洲和美国市场的历史发展，第二部分（第 5 章、第 6 章以及第 7 章）着重于资产证券化对银行和金融体系的影响、其在金融危机中的角色以及为何它会失灵，最后一部分（第 8 章和第 9 章）分析了资产证券化的未来，以及监管的改变和为活跃该市场所作出的努力。

第 2 章阐述了资产证券化流程中的重要组成。资产证券化是指将类似抵押贷款、企业贷款、汽车贷款、信用卡应收款、其他资产等现金增值金融资产组合为可交易证券的过程，这些资产的现金流入或者经济价值成为新证券的偿付支持，而新证券将会在涵盖其他银行、机构投资者、保险公司和基金等全球投资者范围内出售。资产证券化交易的目的和效用就是分离为 ABS 提供偿付的标的资产，标的资产产生于银行放贷给借款者时，发起行将贷款转交给破产隔离特殊目的载体（SPV），该机构随后会在资本市场上发行该债券证券以出售给其他投资者。SPY 机构利用证券发行所产生的收入为其购买发起行的贷款融资，ABS 通过信用增级降低投资者投资这些证券的风险，信用增级的方式包括附属、超额抵押、信用证和单一险种保险。在第 2 章的最后一部分，我们通过比较金融危机前后的市场结构、规模、ABS 发行类型以及需求，探究了全球最大的两个资产证券化市场——美国市场和欧洲市场。

在第 3 章中，我们对资产证券化的机构和工具进行了分类。对资产证券化结构的分类一般基于其进行风险转移的方式或者标的资产的法定所有权，本章首先阐述了资产证券化的结构，随后介绍了一些主要的资产证券化工具，如资产支持商业票据、抵押贷款证券、其他资产支持证券以及债务抵押债券。

第 4 章阐述了资产证券化市场的历史进程以及区域发展。现代资产证券化的源头应该追溯到 20 世纪 70 年代，为了刺激抵押贷款市场以及自住购房，美国政府成立了政府支持型机构（GSEs），而为了实现这些目标，该机构建立了抵押贷款的二级市场。尽管资产证券化起源于美国，且早在 20 世纪 70 年代银行就开始使用，但直到 21 世纪初，它才作为一种融资工具被广泛使用，并且在欧洲和美国迅速发展，资产证券化市场在 2003 年到 2007 年以惊人的速度爆发式增长，但在金融危机后急速收缩。本章分析了美国和欧洲这全球最大的两个资产证券化市场的萌芽和发展，还探究了资产证券化的替代品——欧洲资产担保债券市场。

银行从传统的借贷者到贷款的发起人和分销者的角色转变对银行绩效和行为产生了较大影响。对于银行而言，资产证券化提供了一个融资渠道，增强了流动性和盈利能力，对于借款者，它降低了融资成本。另外，对资产证券化持有怀疑态度的学者认为它弱化了银行审查和监督的动机，导致银行持有风险更高的贷款，并且增加银行对风险的偏好。资产证券化还影响了金融系统，资产证券化的风险分散功能原应使金融系统更加稳定、更具有弹性，然而由于信用风险可能会被转移到管控这一风险能力较差的市场参与者手中，资产证券化也可能对金融系统稳定造成威胁，增加金融系统的脆弱性。

在第 5 章中，我们通过分析现存文献，阐述了资产证券化对银行业和金融系统的影响，资产证券化极大地改变了银行作为借款者与储蓄者之间金融中介的角色。首先，我们从银行的角度探究了资产证券化的驱动因素，以及资产证券化应该如何对整个金融体系产生积极影响。其次，我们探讨了资产证券化如何以及为何会增加银行风险。最后，我们从系统层面解释了资产证券化可能导致金融系统动荡的原因。

资产证券化交易易受三个相关但却不同的信息问题的影响。第一个问题就是传统的借款者与放贷者之间的逆向选择，相较放贷者（发起人），借款者可能拥有更多的私有信息。第二个问题，薄弱的监管会产生中间信息障碍，从而可能会将信息不透明的贷款进行资产证券化，造成借款者与 ABS 最终投资者之间的信息不对称。第三个问题是在 ABS 发起人与投资者之间会存在的道德风险问题。

在第 6 章中，我们纵览了许多关于投资者是否或者如何尝试通过考虑评级和交易特征规避存在的信息障碍的文献。

2007 年到 2009 年的国际金融危机对资产证券化以及其在危机产生与持续期间所发挥的作用给予了非常多的关注。在金融危机爆发期间，随着抵押贷款相关资产遭受严重的信用质量恶化，资产证券化市场崩溃，随后危机蔓延到 ABS 其他类型产品，造成了更大的损失。总之，金融危机暴露出了资产证券化流程的缺陷，从而将对金融市场的监管转向了对如结构性融资等非传统融资机制的监管。由于资产证券化会推动信贷增长、放松信贷标准以及产生风险分散的误导——换言之，它是国际金融危机的主要原因之一，资产证券化开始列入监管范围。

在第 7 章中，通过对国际金融危机后的相关资料进行分析，我们探究了在国际金融危机时期资产证券化市场失灵以及资产抵押证券失效的原因。我们首先解释了次级贷款为何是此次危机的根本原因，其次通过实证研究展示了资产证券化所带来的信贷质量下降与金融危机的关系，最后本章分析了信用评级机构的角色及其失灵，以及在资产证券化对银行和金融系统风险叠加方面的监管不足。

第 8 章探讨了欧洲资产证券化市场在经历了 2008 年国际金融危机后所发生的主要变化。金融危机对欧洲的资产证券化市场影响非常大，从 21 世纪初就开始活跃的现金市场随着金融危机的爆发戛然而止。虽然如此，危机爆发后，一些特殊领域的市场仍保持着高度活跃，从而能够将信用风险从银行转移出去。因此，欧洲资产证券化市场从固定收益市场的活跃者变成了相对较小的市场。本章从发行以及市场定价的角度，阐述了监管变革以及重要市场的发展。

最后第 9 章总结了本书的主要观点，并给出了一些简要的总结。

第 2 章

资产证券化运作机制

介绍

资产证券化是指将贷款、应收款项等金融资产转化为可交易的证券——通常称为资产抵押证券（ABS），但是事实上，以抵押为标的的证券称为抵押贷款支持证券（MBS），从狭义的角度而言，以其他资产为标的的证券才称为 ABS，这些标的金融资产的未来现金流用于对 ABS 投资者的偿付。金融机构或者非金融机构都可以将资产证券化作为其融资和风险管控的工具，资产证券化事实上已经成为资产负债表与资本市场之间的桥梁。

在本章中，我们阐述了资产证券化机制的主要组成。首先，我们给出了资产证券化的定义，以及它如何实现"发起到分销"的经营模式。随后，我们阐述了资产证券化的流程，包括参与者、特殊目的载体（SPV）类型、份额、信用增级的形式、信用评级流程以及证券包销流程。在最后一部分，我们通过比较金融危机前后的市场结构、规模以及 ABS 发行类型和需求，分析了全球最大的两个资产证券化市场——美国市场和欧洲市场。

什么是资产证券化？

普遍认为资产证券化是将非流动资产转变为可交易证券的过程，但是这个说法并不全面，在资产证券化出现之前就存在持续发展的贷款二级市场。由于贷款合同缺乏规范以及存在信息不对称，贷款销售成本较高且较为复杂。在缺乏贷款购买者保护机制时，贷款出售者可能会出售低质量贷款而持有高质量贷款。因此，尽管贷款是非流动的，但是一些相对流动的资产也会被证券化。

相对出售单一资产，现代资产证券化涵盖的是产生现金流资产的集合，资产证券化可以将一个金融资产组合（合同债务）转化为可从原始标的资产的风险状况中分离的可交易的证券（Saleuddin，2015）。抵押贷款是传统的资产证券化的标的资产，然而随着市场发展，更多类型的资产被证券化，其中最普遍的包括汽车贷款、信用卡应收款、学生贷款、企业贷款和可转让金融工具——债券和其他债务合同，甚至是已存在的 ABS 重复进行证券化。资产证券化有三个特性（Fender 和 Mitchell，2009）。

1. 构成了一个以现金或者资产组合为基础的资产池
2. 将该资金池的信用风险从发起人手中转移到破产隔离特殊目的载体
3. 进行产品分离——根据不同风险等级——基于标的资产

从 "发起到持有" 到 "发起到分销"

在完全竞争市场中，存款资金与资产证券化应该无关。然而，ABS 市场的发展表明资产证券化可能会产生一些其他收益。

传统上，存款机构发起的贷款主要是以存款为资金来源，从而存款的下降可能会导致贷款供给的下滑，一般而言这些贷款会被持有至到期或者逾期，在此期间，银行会为了存款者而监督借款者的行为，投资组合多样化是主要的风险管控工具。因此，这些机构承担着发起和投资的职责，银行的这一模式——称为 "发起到持有" 模式——在 20 世纪 80 年代前始终是银行的主要模式。

资产证券化的兴起对银行系统产生了巨大影响。资产证券化使得存款型金融机构能够将贷款聚集起来，并将其所带来的利息出售给更大范围的投资者。标的资产的违约风险被分摊到众多次级投资者中，优先层得到了次级层的保护，使其能够完全脱离夹层和权益层的影响，夹层受权益层的保护（或者是第一损失者）。多层级结构通过匹配不同投资者的风险以及期限偏好，将成本降到最小。老练的、能力较强的投资者更愿意投资于次级层，承担更高的损失风险同时获得更高的收益，从而弥补其较高的风险水平。不同层级明确了投资者中的损失分配次序。

资产证券化推动了银行向 "发起到分销" 模式的转变，该模式为放贷者提供了其他融资渠道，使其不再过分依赖小额存款来提供资金。

资产证券化过程

资产证券化过程可以分为五个阶段（Gorton 和 Souleles，2007）。

1. 发起人成立 SPV，整合抵押池，通过签订协议将资产转移至 SPV。

2. 将以资产池为基础的债券（ABS）分成不同层级，并将其出售给投资者。

3. SPV 在出售过程中为标的资产的购买融资。

4. 标的资产产生的现金流用于投资者的息票支付。

5. 在最后一次分期偿还期间，标的资产的所有现金流通过本金支付对不同风险等级的投资者进行补偿。

资产证券化可以成为一种融资工具以及信用风险转移工具，该过程涉及了众多主体，而银行在其中所扮演的角色为重中之重，典型的资产证券化过程所涵盖的主体包括发起人、服务商、受托人、承销商和评级机构。

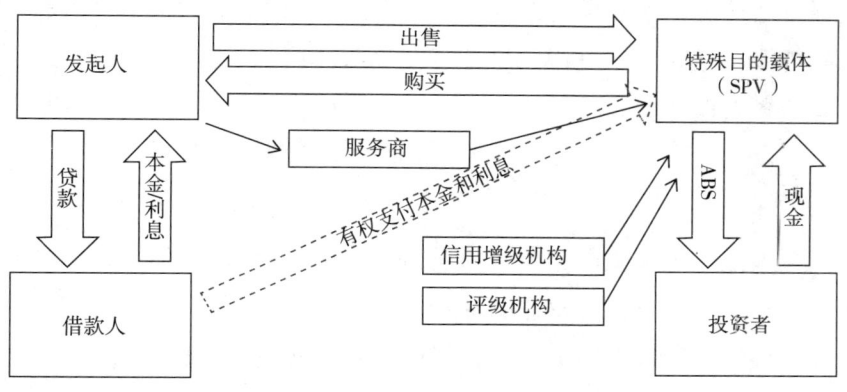

资料来源：作者绘制。

图 2.1　资产证券化过程

发起人

发起人（也称为发起者、发行人、销售商）主要是整合交易所需的资产，发起人可能是银行或者专业放贷人，而资产证券化是其分销资产的通道，该主体提高了借款人（债务人）进行贷款或抵押的能力。资产证券化一般都会将标的资产池的信用风险与发行人的信用风险剥离，为此，资产一般由一个破产隔离法人实体出售，该实体即为特殊目的载体（SPV），其成立的唯一目的就是购买具有预先确定特征的资产池，这些特征包括 LTV、固定或浮动利率。资产池的出售必须确保属于完全转移或者在法律意义上的实际出售，以确保该交易不会受发起人破产的影响。另外，如果操作适当，在 SPV 宣告破产时，发起人的资产应该被隔离，投资者仅仅有权获得资产池所产生的现金流，而非发起人的现金流。SPV 的资产负债表反映了其购买的资产以及发行的负债。

服务商

根据联营和服务协议，服务商的职责在于管理信贷和执行收款条款，他们还负责弥补损失，服务商会定期就投资组合的表现以及收款情况向发起人报告。放贷人一般会对其发起的贷款进行维护和监督，所以发行人和服务商可能会是同一家机构。尽管存在收取费用的动机，一些放贷人仍愿意与其债务人保持关系。

受托人

受托人是一个独立的企业，由发行人指派，对投资者负责。受托人拥有管理 SPV、代表投资者权益的受托责任，其主要职责为向投资者进行支付，并且根据发行人和服务商所提供的信息核实资金池的情况。

承销商

一般而言，承销商由投资银行担任，负责分析投资者需求、组织并进行证券发行，组织发行的过程涉及将资产池的风险分配给不同层级。ABS 还可以进行信用增级，以此达到期望的评级以及增加证券对投资者的吸引力（详见下文）。与企业债券发行相似，承销商会以折扣价格购买全部的

ABS 产品，随后将其出售给投资者。由于 ABS 属于柜台交易，为了保证发行顺利，承销商会担任经纪自营/做市商以提供流动性支持。

SPV 模式

至少存在三种 SPV 模式：（1）分期偿还（或过手）；（2）循环模式；（3）普遍用于资产证券化的集成信托。

分期偿还（过手）

在分期偿还模式中，SPV 从标的贷款中收取本金和利息，并依次将本金和利息通过定期息票支付给票据持有人，直到证券到期。在 ABS 的整个产品生命周期中，投资者都会收到本金支付，从而这些证券是全部分期偿付的，票据持有人会定期收到本金和利息支付，这有利于反映出标的资产计划的本金和利息现金流。这些票据的评估依据到期日和加权平均期限，证券的加权平均期限指的是本金等待偿付的时长，其主要受提前还款假定的影响，提前还款频率的变化决定了本金支付给票据持有人的频率。

循环模式

循环模式比较适用于偿付更快、拥有较高提前还款可能性的债务资产证券化，如信用卡应收款、商业应收款和汽车贷款，这些债务合约的本金和利息通常在一个较短的期限内进行偿付，一般为三个月到四个月，但 ABS 的投资者更愿意持有超过一年的投资，这就引发了期限错配问题。尽管在实际中，抵押品并没有分期偿付，但是这一模式仍存在一个相对可预期的偿付计划。利息通过息票支付给投资者，本金的支付通常是获得符合某些特定条件的额外资产，如属于循环资产池的抵押品。在偿付期也就是循环期内，票据持有人只会收到利息，而收集的本金会在分期还款或累积期支付给票据持有人。因此，利息是在 ABS 整个产品生命周期中进行偿付，而本金只在最后一个阶段支付，它可以是在最后一个阶段进行多次定期定额支付，一般来说该阶段在一年之内，这又称为管理的分期偿还。除此之外，本金可以在预期到期日前收集起来，随后将总额支付给投资者——软弹枪，之所以称为软弹枪是因为无法确定在预期到期日的支付总额。与此相反，硬头枪拥有更低的收益率，但是却能够保证预期到期日的支付总额。

集成信托

在美国和英国，集成信托是发行人惯常使用的手段，发起人利用这一方式可以通过同一家 SPV 发行多种资产证券化，使其转移给 SPV 的应收账款规模远超其所发行的 ABS 价值。这一机制十分灵活，它允许从一个巨大规模的应收账款资产池中同时发行或陆续发行证券，发行人持续不断地将资产转移给 SPV，并构建 ABS 以满足投资者的需求。资产池的未融资部分（销售商的份额）一般由发行人自身承担，该模式分离了 ABS 的支付模式与标的资产的偿付计划。

层级

资产证券化的层级与公司债务的多重层级相同。一些资产证券化交易按照比例进行支付，与层级无关，而更多的交易遵循一个相对严格的顺序支付的瀑布流，本金首先支付优先层，其次是夹层，最后是次级层。当发生违约事件导致优先层可能无法获得偿付时，分配方法有可能会从按比例支付转换为顺序支付方式。

层级是按照起赔点和分离点划定的。根据损失分配机制，对于低于起赔点的抵押品损失，给定层级不会给予补偿，其只会吸收高于起赔点并低于分离点区间的损失。更重要的是，如果损失超过其分离点，该层级就会崩塌（吸收了最大损失）。分层的目的在于将债权组群的损失进行重新分配以满足潜在投资者的风险偏好。

表 2.1   **层级举例**

层级	起赔点	分离点	预期损失	差价	隐含评级
权益层	0	1%	35.75%	987	无
C 层	1%	6%	19.20%	450	B3
B 层	6%	10%	7.43%	150	Ba2
A 层	10%	18%	3.36%	78	Baa3
优先层	18%	100%	0.05%	28	AAA

资料来源：作者编制。

每个层级都有其起赔点和分离点，这决定了每一层级所吸收的损失比例。一个层级的全部风险水平取决于它的起赔点（次级），起赔点还决定了这一层级什么时候开始承担损失。例如，层级可能会按照权益层吸收前3%的抵押品损失，下一层级吸收超过3%但低于其所承担的最高损失的部分，以此类推（见表2.1）。

分层方法

在设计损失优先层时，有两种普遍的方法：基于违约概率（PD）的分层方法和基于预期损失（EL）的分层方法，这两种方法都用迭代的方法确定起赔点和分离点，从而通过达到预先确定的违约概率或预期损失来确定每一个层级，此处的概率是指抵押品的损失超过起赔点的可能性，在本质上，这种方法试图将层级与评级机构为达到预期评级所要求的信用增级水平相匹配。

此外，对于预先确定的起赔点和分离点，需要一种方法确定每一个给定层级的违约概率或者预期损失。此时，发行人会阐明资本结构以及可能的信用增级水平，评级机构会基于此对其进行评级（Das 和 Stein，2013）。这两种方法的显著区别在于基于违约概率（PD）的方法对层级宽度并不敏感，而基于预期损失（EL）的方法取决于抵押品损失的分布以及层级规模。在这两种方法中，预先确定的目标概率或目标损失都会因发行人的不同而差异万千，所以无论抵押品损失如何分布，都无法确定哪一种方法需要更高水平的信用增级，而由于两种方法都是基于资本结构、潜在损失的分布情况以及相关的目标值，同样也无法确定哪一种方法会更保守。EL方法可能更适用于希望控制经济损失的发行人，而 PD 方法更适用于希望规避违约事件发生的发行人。

信用增级（信用支持）

在传统信贷协议中，信用增级等同于借款人抵押资产的净值。例如，在抵押贷款中，借款人的抵押品净值是信用增级的一种形式，借款人的抵押品会补偿贷款人的损失，发放抵押贷款与所购买资产价值的差额即为贷款人的信用增级。另外，借款人抵押品的净值是所需置信水平的函数。对于资产证券化而言，信用增级等同于发起人的抵押品净值（Kothari，2006），交易的杠杆水平是信用增级的函数，所需的信用增级水平又取决于 ABS 的目标评级，其主要由评级机构决定。

对证券进行信用增级是为了提高其信贷质量，使其超过标的资产池中原有的信用水平，从而提升信用评级，增加发行证券对投资者的吸引力。信用支持的条款也被认为是可以使证券的信贷质量超过发起人或者担保品的信用水平的一种方法，信用增级可以通过发起人、内部结构或者第三方担保实现（ESF，2006），次级和超额利差是最普遍的信用增级方式。

内部信用增级

次级、超额利差、过度担保是资产证券化交易中主要的内部信用增级工具。

次级

次级是为资产证券化交易提供信用支持的最普遍形式，通过将证券分为优先/次级结构来实现——技术上其实是过度担保的一种形式。一方面，损失最先由次级层承担，在损失超过次级层价值之前，优先层不受任何影响。另一方面，优先层会最先收到偿付，随后才是次级层。优先层评级较高（收益较低），次级层评级较低甚至没有评级，但是收益较高。最高层/高评级层级作为一种确保融资成本较低的方式，该层级的幅度越来越宽。

超额利差

通常，超额利差指的是标的资产用于偿付债券持有人、冲销坏账、支付服务费和所有其他信托费用后剩余的现金流，每月的超额利差既可以用于弥补当前阶段的损失，也可以成为储备基金以增强信用评级，储备基金旨在弥补当应收账款未得到偿付时 SPV 所遭受的损失。超额利息还可以在必要的时候用于偿付优先层，所以这些基金可能还会用于维护最高评级层的权益，或者购买其他资产重新配置资产池。正向的超额利差会传递一个积极的信号，即 SPV 可以填补所有的损失，所以它近似衡量了 SPV 的收益率。由于超额利差可以吸收预期损失以及未预期损失，它也是信用增级的一种方式。

超额担保

发行人还能够以超过 SPV 所能支付的票面价值转移资产，因此，资产池的面值会超过 ABS 的价值，两者的差额会作为储备基金以对违约和资产池的损失提供缓冲。

外部信用增级

外部信用增级工具包括履约保证、第三方保证、信用证、现金抵押账户以及担保性投资额度。

履约保证（保险）

特定的第三方如保险公司或者发起人的母公司也能够在 SPV 无法向债券持有人进行偿付时提供履约保证。保险公司一般会要求在为投资级债券担保之前其应拥有另一种形式的信用增级，由于保险公司会及时对债券持有人进行偿付，被保险公司担保的 ABS 的评级一般与保险公司的评级一致，通常为 AAA 级。

第三方（相关方）保证

保险公司或发行人的母公司能够弥补 SPV 在预先确定的价值额度之内

的损失。

信用证

银行会提供信用证并收取一定的费用，确保押金能够用于弥补 SPV 所遭受的、在必要的信用增级限度内的损失，银行承诺在 SPV 没有足够的资金时会向债券持有人支付限定额度内的资金。

现金抵押账户

在这种情况下，SPV 会借入所需的信用增级资金，并将其投资于高质量的短期商业票据。该账户用于弥补标的资产所有的资金短缺，与第三方信用增级工具不同，现金抵押账户是以现金而非承诺为保证，从而 ABS 的评级不应受担保人信誉的影响。

担保性投资额度

担保性投资额度的资金来源于通过私募将次级或权益层出售给特定投资者，这一工具通常能满足不同投资者的特殊要求。

内部信用增级能够通过发起人或者重新配置结构实现，一个重要的区别在于发起人的信用支持惠及所有层级，而调整结构所提供的信用增级只针对特定层级。超额利差和过度担保属于发起人提供的信用增级，次级是通过调整结构实现信用增级的最佳举例，保险、履约保证、担保、现金抵押账户和担保性投资额度属于第三方信用增级工具。将信用证、担保和履约保证用于资产证券化交易会使其易受第三方风险的影响，所以 ABS 的信用等级与相关第三方的信用评级相似。

保留权益

发起人通常会保留资产证券化的一些剩余价值或者经济风险，这是内部信用增级的一种方式。剩余价值与多层级结构中的权益层/次级层类似，可以是权益层这种垂直结构，也可以通过超额利差或者对 SPV 提供后偿贷款实现。资产证券化市场的深度反映了对低评级票据的有效需求，在有效需求不足的情况下，发起人可能被迫持有较大规模的高风险票据，这就有违资产证券化能够分散信用风险的初衷。

权益层是吸收抵押品损失的第一层级，所以投资者只有在权益层全部亏损的情况下才会遭受损失，持有权益层是为了减轻信息不对称问题，使发起人与投资者站在同一阵营中（Pennacchi，1988；Gorton 和 Pennacchi，1995）。但是，这种风险保留会增加发起人的破产风险，保留信用风险敞口种类的差异会对发起银行的风险产生不同的影响，但保留第一损失对银行风险的影响最为显著（Sarkisyan 和 Casu，2013）。显然，发起人是否对潜在借款人进行有效的审查和监督在很大程度上取决于投资者在经济下行期间所承担的潜在损失（这将会在第 5 章和第 7 章进行详细阐述）。

在资产证券化交易早期，发行人一般保留权益层，保留的形式以及规模均由发行人自己决定，渐渐地，发行人就不再进入权益层。但是随着市场深化，对高风险的权益层的需求开始增加，所以在金融危机爆发时，投资者不断通过信用衍生工具出售或对冲权益层投资，从而违背了保留权益层的初衷——激励联盟（Fender 和 Mitchell，2009）。另外，即使最初持有权益票据，这些票据也能当作其他证券化的抵押品——如 CMO/REMIC，因此这一机制是否有效是存在争议的。在经济低迷期间，发起人的风险暴露程度将会极大影响银行的审查/监管动机，权益层过窄可能无法激励银行进行审查或监管，但是权益层过厚又会增加证券化成本，诚然，难以测定保留风险敞口的最佳水平，但是就如巴塞尔 I 所给出的风险权重，规定权益保留的程度可能要么不足，要么过量。危机后，监管部门要求发起人持有或披露资产证券化中未对冲的重大利益（这将会在第 8 章深入讨论）。

信用评级流程

评级机构首先会评估发起人的管理水平以及行政制度，通常这需要收集财务信息、企业历史、所有权结构以及高端人员档案。评级机构还会告知担保人要想达到预定评级应该有多少现金流转，评级机构会根据对层级构建文件的评估以及分析师提供的信息给出最终评级，反映出企业债券的历史表现。

评级机构主要对资产证券化交易的五个重要方面进行评估：（1）资产风险/信贷风险模型；（2）法律和监管风险；（3）结构分析；（4）操作和管理风险；（5）交易对手风险（Kothari，2006；Fabozzi 和 Vink，2012），我们将在下面逐一介绍。

资产风险/信贷风险模型

评级流程的第一步通常是评估资产池的信贷质量，并确定最高评级所需的信贷支持规模，这主要是通过预测在极端环境下发生损失的大小确定，预期损失的规模可以通过对相似资产组合的历史表现确定，要在特定前提下检测将要进行证券化的资产池和发起人资产的历史表现。第二步通常的假定是用以确定在更糟的情况发生前资产池和发起人能承担多大的压力，发行证券的结构可以保证即便发生这些情况，投资者也能在到期日收到偿付。评级机构会计算出预期损失，并基于此获得非预期损失。

法律和监管风险

评级流程的下一步会评估交易的合法性。评级机构对交易进行评估，确定转移的资产是否与交易其他方的破产风险隔离，通过确定是否存在威胁 SPV 持续经营的因素，来评估 SPV 的破产隔离能力。评级机构随后会出具该笔交易的有关法律和税收风险的法律意见，这一阶段的成本是非常高的，因为证券化交易可能是跨境交易，这就需要一份相对较高程度的担保。

结构分析

这一阶段涉及核实提供的文件，以及利用量化模型检验现金流，这一阶段主要是为了确定在考虑了信用增级和交易费之后，标的资产的现金流是否能足额偿付债务证券的支付计划，评级机构会评估付款优先层（层级结构）以及可能会极大改变付款优先层的合约（触发机制）。该步骤分析了 ABS 众多层级的损失分配，量化模型用以衡量证券化结构在各种条件下能够承受多大的压力，其变量包括信贷损失规模、违约水平、利率和企业税率，期望的评级越高，这些条件就越为苛刻。

操作和管理风险

这一阶段着重于分析核心交易成员是否能在整个交易周期中发挥作用、承担责任。

交易对手风险

评级机构会对能够影响资产支持证券信用质量的第三方的能力进行评估，这些第三方一般会持有资产或者进行偿付，他们的信誉以及可信度都会成为评级机构的评估因素。

承销和发行

承销商或代理人会建议利用符合成本效益的有效的方法进行证券发行，承销商会针对私募或者公开发行设计层级，为了满足投资者期望的风险水平，发行票据的结构会设计成每一层级都有不同的风险水平。随后，信用评级机构会对发行的票据进行评级，评级会被持续关注并且进行适当修改。优先层风险较低，通常属于 AAA 级，而最具风险的次级层——承担第一损失——如果有评级的话通常评级最低，且出于投资者降低道德风险的考虑，一般由发行人承担。之后，拥有评级的证券会放到市场上出售，投资者会根据信用评级决定是否购买该证券。由于 SPV 的法定形式和金融地位，该评级完全脱离于 SPV，且与发起人的资产质量不存在任何关系（Choudhry，2013；ESF，2006）。

美国和欧洲市场的对比

虽然证券市场的现代化起源于美国抵押信贷市场，但是它却在全球范围内蓬勃发展起来。美国拥有全球最大的证券市场，而欧洲位居其后。截至2013年底，美国未清偿证券总存量占GDP的59%，欧洲为11%。美国和欧洲的证券市场主要为抵押信贷市场，美国抵押支持证券占未清偿总规模的87%，而欧洲的这一数据达到62%。在供给方面，主要受欧美抵押信贷市场机制不同的影响，欧洲证券市场的发展相对受限。在需求方面，美国的投资者规模相对更加多元化，而欧洲证券市场的投资者几乎都是银行。

美国证券市场的发展依赖于政府支持型机构（GSEs）的发行（见图2.2），在2016年底，大约85%的未清偿MBS都是由GSEs发行的。私募（非机构）发行开始于20世纪80年代中期，但是在2003年到2007年期间迅猛发展，金融危机后，随着投资者对证券市场信心的缩水，其发行量急剧下降（见图2.3和图2.4）。MBSs所遭受的损失主要源于美国次级抵押贷款所产生的低质量抵押信贷，而非证券化机制本身的原因（这将会在第5章和第7章详细阐述）。

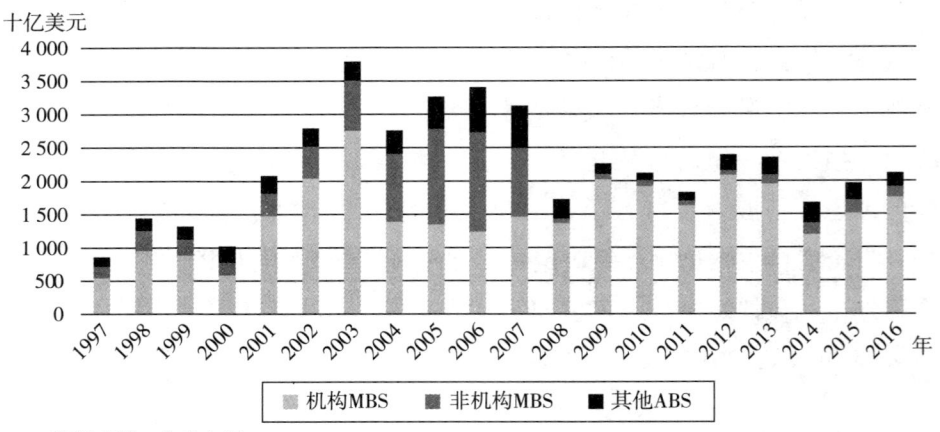

资料来源：作者自制。

数据来源：http://www.afme.eu/en/reports/Statistics/。

图 2.2　美国发行量

　　欧美抵押信贷市场机制的不同反映出了两者在家庭负债和证券化相对重要性的不同，这些差异体现在政府支持、抵押贷款合同以及破产和丧失抵押品赎回权的流程方面（ECB，2009）。

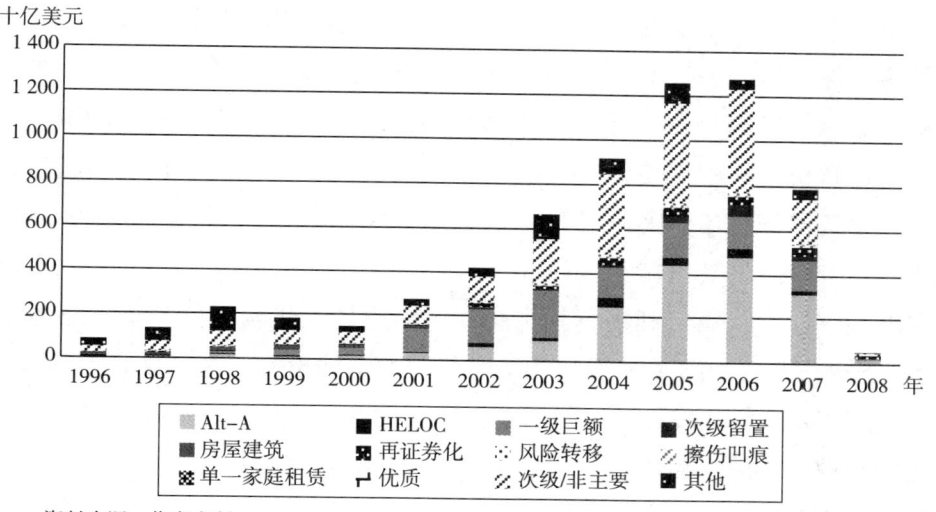

资料来源：作者自制。

数据来源：http://www.afme.eu/en/reports/Statistics/。

图 2.3　金融危机前美国的 RMBS 发行

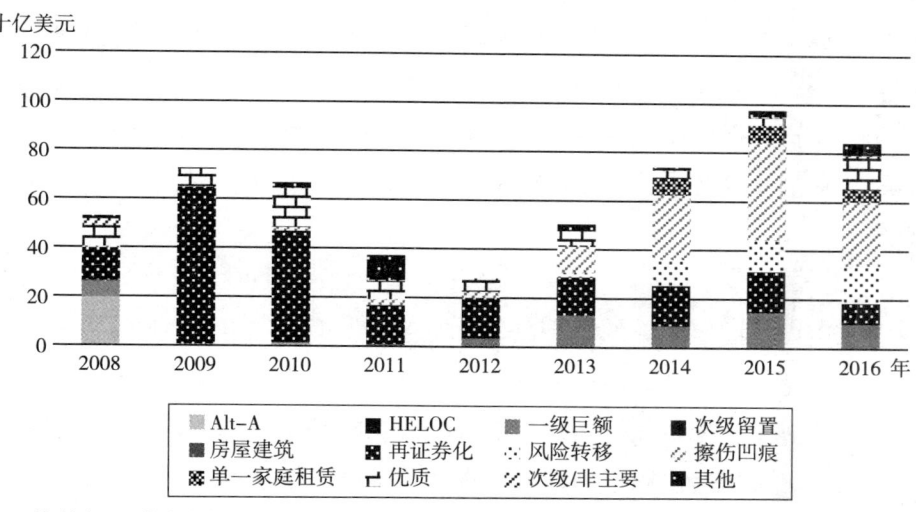

资料来源：作者自制。

数据来源：http://www.afme.eu/en/reports/Statistics/。

图 2.4　金融危机后美国的 RMBS 发行

政府支持

20 世纪 80 年代发生的储贷（S&L）危机推动了结构性变革。到 20 世纪 70 年代末，在利率稳定时期，储贷是以短期存款为长期抵押贷款融集资金，然而，由于存在存款利率上限，随着名义利率的上升，客户撤回大量资金，并将其投资于拥有更高回报率的资产中。从而，S&L 的资本下降，而宽松的监管促使银行进行高风险活动，对银行而言这更是雪上加霜。尽管银行的存贷比开始下降，但是这些机构还是可以提供抵押贷款，因为他们可以将其出售给 FNMA（房利美）和 FREDDIEMAC（房地美）。S&L 能够通过将固定利率贷款出售给政府支持型机构（GSEs）来规避利率上升的风险，由于存在与机构债券相关的隐性担保，这些政府支持型机构能够以低于私人发行的发行成本将抵押贷款证券化，这些都增加了二级抵押贷款市场的流动性。

然而在欧洲，由于并不存在那些对政府支持型机构有类似需求的机构，政府很少干预抵押贷款市场，从而由于没有政府的隐性担保，银行进行证券化的成本相对较高。另外，一些欧洲国家的会计制度对抵押贷款证券化的认定更加严格。此外，欧洲家庭的债务在很大程度上都是由零售存款支撑，还会通过发行 MBS 以及资产担保债券等基于市场的融资方式进行补充，而资产担保债券与 ABS 的可替代性很高，前者会像抵押贷款一样拥有不相称的监管要求，导致银行资产负债表中存在相关风险。

抵押贷款合约

在美国，固定利率的抵押贷款十分普遍，这主要因为 GSEs 在其中所扮演的角色以及资产证券化的重要性，另外，这些贷款还吸引银行的地方在于，通过将长期贷款证券化，银行可以有效避免由短期存款支持长期资产引起的融资风险。固定利率抵押贷款是美国市场上的主流，但是在许多欧洲国家，浮动利率抵押垫款却是市场的主要产品。另外，在危机持续期间，抵押贷款合约的品种越来越多，且没有一个固定的标准模式，例如，前期利率、负摊销率和高贷款价值率，这主要面向次级借款人，这些贷款都具有高风险，但是这些隐含风险从本质上来讲都转移给了 ABS 投资者。然而在欧洲，这些特殊的抵押贷款合约并不常见。

在大多数欧洲国家，对固定利率贷款合约的借款人，放贷人会对提前还款收取提前还款罚金，而对浮动利率贷款合约借款人的提前还款行为很少处以罚金。

破产和丧失抵押品赎回权的流程

美国的法律体制遵循英美普通法系，即借款人不直接对证券化的债务负责——无追索权，而大多数欧洲国家的法律框架遵循欧陆法系，即借款人获得债务免除的成本较高且过程较长。在欧洲，放贷人对违约的借款人的资产和收入拥有全部的追索权，司法途径解决也十分常见，但是在类似美国这种遵循英美普通法系的国家，非司法途径解决纠纷更加常见。

由于抵押贷款市场监管、直接借贷抵押贷款偿付、贷款人更愿意保留发起贷款的风险等原因，欧洲的抵押贷款市场更稳健。欧洲资产证券化的发展十分缓慢，因为银行一般拥有雄厚的资本，而且大陆法系需要制定有关证券化的特定法律条例。欧洲的银行主要依赖于关系，因此在某些国家，放贷人有责任在出售贷款前告知借款人，因为贷款出售有时被认为是对银行关系的破坏。资产证券化在欧洲的地位相对较弱，因为贷款很难从银行的资产负债表中移除，这主要是由于更加严格的会计准则、对资产担保债券的优惠政策以及有限的政府支持。

尽管发展缓慢，欧洲资产证券化的增速也由于日益加速的金融一体化以及欧元引入所带来的金融体系市场化而有所提升，这些因素都增加了资产证券化的规模和流动性（见图 2.5）。

资产证券化的需求

对于需求端，美国资产证券化市场拥有更多元化的投资者基数，非银行的金融机构持有相对较大比例的证券化工具，而欧洲市场的主要参与者

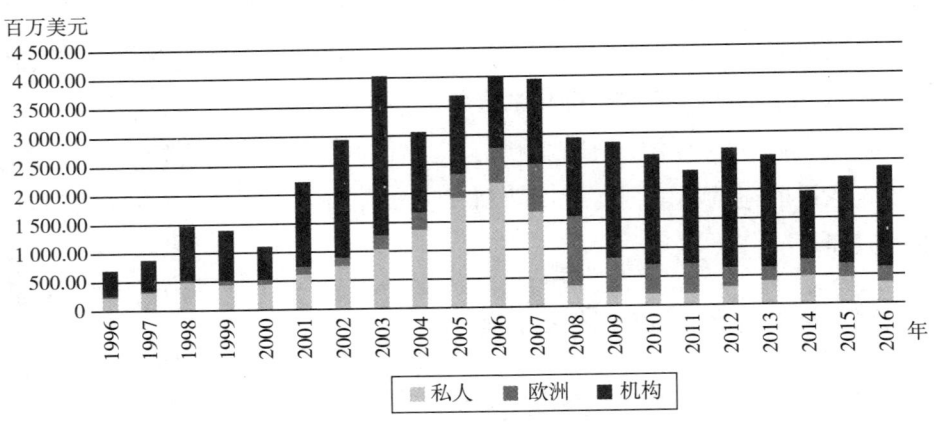

资料来源：作者自绘。

数据来源：http：//www.afme.eu/en/reports/Statistics/。

图 2.5　美国和欧洲市场的发行总量

是银行，如养老基金和保险基金等非银行金融机构逐渐被边缘化，由于偿付能力监管标准 II 下规定的惩罚性资本罚金，保险公司和养老基金在证券市场并不活跃。另外，欧洲养老保险制度的结构组成也限制了养老基金对证券的需求，欧洲养老保险制度拥有明确的利益性质，所以这些基金需要提前还款风险较低的长期资产，以避免期限错配，然而 ABS 一般会在两年到五年内偿付，而 RMBS 虽然期限相对较长，但是通常具有更高的提前还款风险（Segoviano 等，2015）。

　　欧洲的抵押贷款市场发展并没有美国市场如此迅速，主要原因有以下几点。第一，相对美国而言，欧洲抵押贷款市场或者更广泛的资产证券化市场拥有较少的政府介入，事实上，出于降低不公平竞争的考虑，欧盟成员国禁止建立类似美国政府支持型企业（GSEs）这类机构（Coles 和 Hardt，2000）。第二，欧洲银行更愿意发行资产担保债券（资产负债表上的证券化），因为该债券的监管更加对银行有利。第三，相对抵押贷款支持证券，资产担保债券的收益十分低，但是资产担保债券有双重追索权和单方义务，而 MBS 通常是多重的，因此 MBS 是更有效的风险分散工具。

相对美国而言，欧洲抵押贷款支持证券的资本要求也非常高，且 MBS 的资本要求也高于资产担保债券（EBA，2014）。第四，法律的复杂性、标准的缺失以及欧洲数据的一致性都阻碍了证券化的发展（Coles 和 Harlt，2000）。

结论

资产证券化是将金融资产组合转化为可进行市场交易的证券的过程，这使得证券拥有了与原标的资产不同的风险，这一方式的产生推动了 2007 年到 2009 年国际金融危机爆发前"发起到分销"经营模式的普遍。资产证券化链条中的主要行为主体包括发起人、服务商、受托人和担保人。虽然欧洲和美国资产证券化市场是全球最大的，但是这两个市场却拥有着迥异的发展轨迹，这主要源于欧美抵押贷款市场机制的不同。

第 3 章

资产证券化结构

介绍

资产证券化结构通常根据风险转移方式或者标的资产法定所有权的不同而分类，在本章，我们会详细阐述不同类别的资产证券化的结构和工具。本章首先阐述了资产证券化的结构，其次介绍了主要的证券化工具，如资产支持商业票据、抵押支持证券、其他资产支持证券、担保债务凭证、担保贷款凭证以及这些工具的众多衍生品。

资产证券化结构

资产证券化结构可以根据风险转移和资产所有权的不同而分类。

风险转移

资产证券化可以根据风险转移方式的不同分类，风险可以通过出售资产实现，也可以通过组合实现，前一种方法称为现金证券化，后一种方法称为组合证券化。

现金证券化

在现金证券结构中，标的资产的法定所有权、风险和收益都会从发起人的手中转移到 SPV 公司，从而获得现金，随后，SPV 会发行以该资产池为支持的证券，标的资产产生的现金流会用于定期偿还投资者。这一结构之所以称为现金证券化，是因为发起人在转移资产池后能够从 SPV 获得提前的偿付。大多数交易是通过这种结构实现，但是组合证券化越来越普遍。

组合证券化

组合证券化利用信用违约掉期等衍生品向投资者转移资产风险/收益。在一笔信用违约掉期交易中，发起人通过定期向信用保护卖方（也就是SPV）支付费用获得保护，从而在抵押品出现信用违约时获得补偿。发起人定期向 SPV 支付费用，SPV 向投资者发行证券，并持有与抵押品相关的信用违约互换。这些证券可以是融资型或者是未融资型，对于融资型证券，投资者会进行预付，随后该笔资金会投资于高质量的资产中。而对于未融资型组合证券，投资者不会进行立即的资金支付，所以发行人面临着在相关资产池违约时投资者不会进行付款的风险。事实上，大多数的组合交易都是部分融资型：优先级不需提供资金，而其他所有的次级都需要提供资金（Tasca 和 Zambelli，2005；ECB，2008）。

组合交易中 SPV 的启用是可以选择的，因为并没有发生真正意义上的买卖，从而发起人从投资者手中购买信用保护，发起人（保护购买方）本质上进入了相关资产信用风险的空头，而信用保护出售方（投资者）进入了多头。

当发起人由于出售账面价值超过市场价值的资产而产生损失时，进行组合交易就非常有意义，这些结构的构建是出于降低风险、管理资产的经济动机，尽管相关资产仍留在资产负债表中，但是风险进行了转移，因此，由于贷款并没有移交给另一主体，客户关系得以保全。

相对现金结构而言，组合结构期限较短、流动性较高、成本较低，从而越来越普遍。在组合交易中，发起主体不会获得任何资金，因为不会涉及资产的出售；只有与证券化资产相关的信用风险会被转移，因此，这种交易模式的会计处理与现金结构不同。

相关资产的所有权

资产证券化结构还可以根据相关资产所有权的不同而分成转手证券和转付证券（Kothari，2006）。

转手结构

在转手结构中，SPV 会发行与从发起人手中获得的资产池有关的单一参与凭证，投资者实际上是权益的持有人，转手凭证反映了对资产池以及随后现金流的一定比例的集体所有权，标的资产产生的本金和利息现金流会按照一定比例支付给投资者。转手结构不改变或者较少改变原现金流的结构，从而发行证券的经济意义应该反射出标的资产的现金流，这些现金流会偿付给投资者。这一结构尽管很普遍，但是并不适用于现金流量不规律的资产所进行的证券化交易。

转付结构

相反，转付债券是发行人（在资产负债表中）的负债，转付结构用以弥补转手结构中的现金流缺陷，它还被称为抵押结构，在抵押贷款市场上，它也被称为 CMO 或者 REMIC 结构，这一结构允许发行以发起人所提供的资产池为抵押的多重债务工具。转付工具是债券而非参股，债务证券以标的资产产生的现金流为支持，现金流可以进行重新配置以满足不同投资者迥异的期限偏好；这一结构允许标的资产和发行证券之间的期限错配，虽然这一结构可以对标的资产的现金流进行修正，但是再投资风险成为了主要问题（图 3.1）。

资产证券化工具

从理论上讲，任何能够产生现在或者未来现金流的金融资产都能进行证券化。虽然抵押贷款是首先被证券化的资产，但是由于金融创新和金融工程的灵活性，众多种类的资产都能被证券化。证券工具可以根据期限或者抵押品分类，如果根据期限分类，ABS 的赎回期一般在 12 个月后，而在 12 个月内进行偿付的证券一般称为商业票据——资产支持商业票据（ABCP）。

证券化工具也可以根据风险转移的本质进行分类——现金支持和组合。此外，资产证券化可以再细分为现金流是来源于已有资产或是期望的未来现金流，对已有资产进行证券化是将已有资产产生现金流的合同权利进行证券化，相反对未来现金流进行证券化是基于还未产生的应收账款，例如，一名火车司机可以将未来出售火车票产生的收益进行证券化。

所有资产证券化工具都是资产支持证券，以抵押贷款为支持的证券被称为抵押贷款支持证券（MBS），而以非抵押贷款为支持的证券一般称为

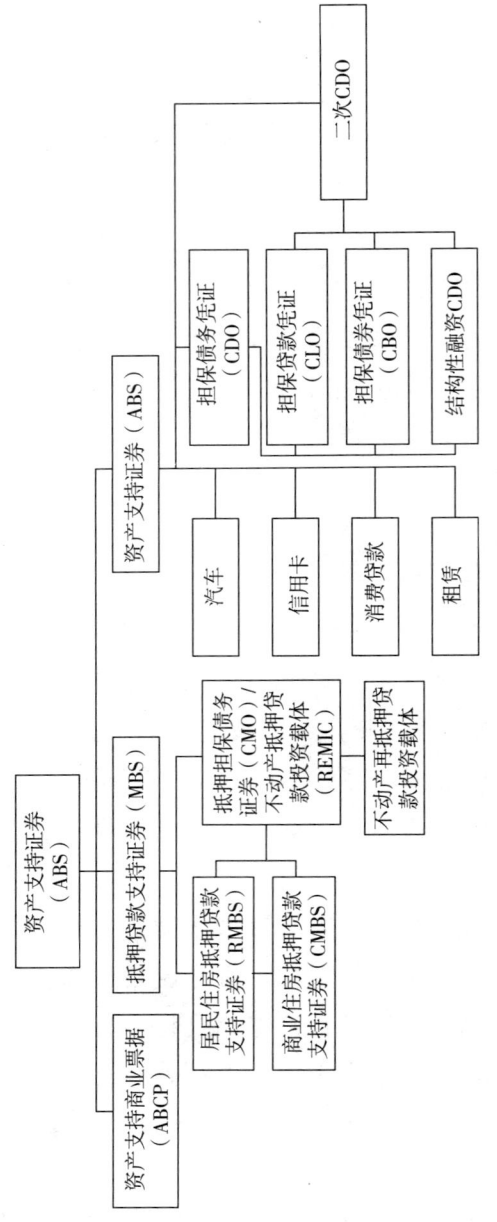

图3.1 资产证券化工具

资料来源：作者自行绘制。

资产支持证券（ABS），ABS又进一步分为以零售资产/消费者信贷（如信用卡ABS）为支持的证券以及以批发组合（如担保债务凭证，CDO）为支持的证券。

资产支持商业票据（ABCP）

这些短期工具是以三年到五年长期资产的部分高质量相关资金池为基础，由于这种期限错配，负债（ABCP）通常是持续滚动的，新发行ABCP的收入用来偿还到期的ABCP。更重要的是，大多数ABCP项目通常由一个流动性提供者（一般为发起人）提供至少100%的流动性支持。一个结构性投资工具（载体）通常由大型商业银行发起/管理，从单一或众多卖方（一般为银行）手中通过传统资产购买或者担保贷款交易获得这些资产，通过发行商业票据为资产的购买进行融资，美国ABCP的期限一般为270天，欧洲ABCP的期限一般为365天，可以延长到397天，但是大多数ABCP的期限都少于90天。ABCP的偿付取决于相关资产组合的现金流以及载体发行新ABCP的能力。

ABCP市场历程

花旗银行在1983年发行了第一个ABCP，巴克莱银行在1992年成立了第一家欧洲载体发行ABCP。在20世纪90年代以及21世纪初，ABCP发行经历了高速增长，该市场在2007年达到峰值，美国ABCP规模达到1.2万亿美元，欧洲ABCP规模达到2 500亿美元（富国银行，2015）。在金融危机后，金融系统的去杠杆化以及经济活动低迷抑制了应收账款的供给，从而阻碍了ABCP的发行。此外，监管变革以及持续上升的成本摧毁了ABCP对发起人的吸引力，ABCP的发行在2005年到2007年间经历了高速增长，从1 951亿欧元增长到4 502亿欧元的规模（图3.2），但由于上述原因，2007年后发行量开始急速下滑，到2010年减少至1 454亿欧元，下滑67%，随后在2010年到2016年，ABCP的发行不停上下波动。在2016年，欧洲ABCP未清偿规模达到169亿欧元，而美国ABCP未清偿规模达到2 167亿欧元（图3.3）。

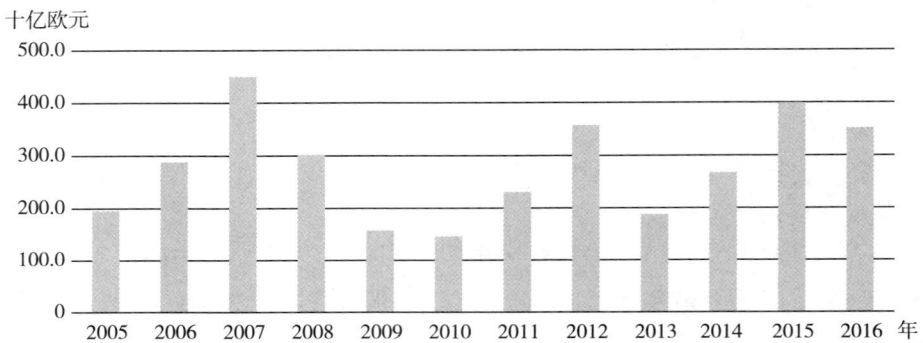

资料来源：作者自行绘制。

数据来源：http：//www. afme. eu/en/reports/Statistics/。

图 3.2 欧洲 ABCP 历史发行量

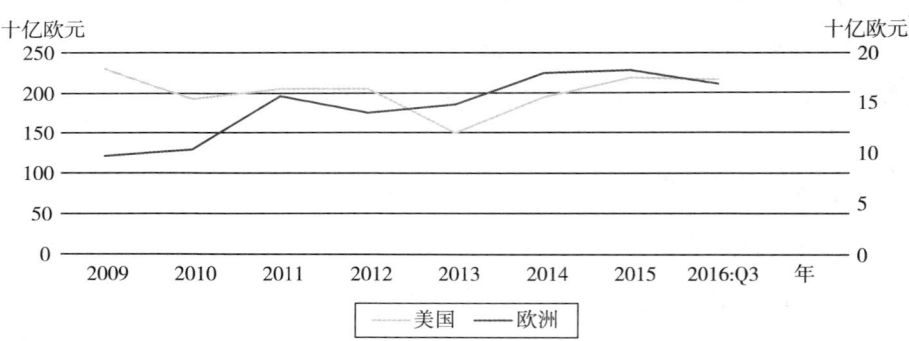

资料来源：作者自行绘制。

数据来源：http：//www. afme. eu/en/reports/Statistics/。

图 3.3 美国和欧洲 ABCP 历史未清偿规模

ABCP 项目运行基本机理

ABCP 项目通常遵循以下步骤。

1. 发起人建立 ABCP 项目作为破产隔离载体（SPV），发起人一般为信用评级较高的大型商业银行。

2. 该载体取得证券投资组合中的应收款项以及其他资产。

3. 构建证券投资组合以满足发行人和评级机构的信用及其他要求。

4. 向投资者出售商业票据。

5. 通过发行其他商业票据来赎回到期的商业票据。

ABCP 大多数是折价发行，即发行价格低于到期面值，利息是以两者价格差异计算。ABCP 还可以通过附息方式发行，即利息在购买价格上累积，利息累计总和与本金会在到期日进行偿付。许多 ABCP 现在都附有可赎回/可回售特性，可赎回商业票据的期限通常不超过 30 天，它允许发行人在到期日前提前赎回商业票据，一般认为发行人会提前一天通知其提前赎回的动作，而可回售商业票据给予了投资者将商业票据出售给发行人的权利，一般行使权利的通知至少要提前 30 天。

ABCP 与期限

ABCP 项目是通过短期负债为中长期资产融资，发起人通常要提供 100% 的流动性支持，主要用于弥补资产现金流与 ABCP 及时偿还要求之间的时间错配问题所引发的任何偿付不足。ABCP 趋向于持有更多元化的、波动的证券投资组合，而 ABS 的相关资产池则更同质和固化。另外，大多数 ABCP 项目没有分期偿还计划，其他投资可以通过发行新的商业票据融资，这些证券包括信用和流动性增级，从而增加其对投资者的吸引力。事实上，发起银行会提供一个担保，在该破产隔离机构没有履约的时候对投资者进行偿付，因此，SPV 的再投资风险转移给了发起银行。

ABCP 管道结构的类型

成立 ABCP 项目的目的通常是为发起人（一般为大型商业银行）的资产融资或者为发起人的客户提供另一个流动性来源，这些项目通过特殊目的载体运行。在众多 ABCP 项目类型中，多卖方管道结构最为普遍（穆迪，2015；道明债券评级服务 2015），下面也会介绍一些其他的结构类型。

单一卖方管道

这种结构只存在唯一一个资产的发起人，发起人利用这一结构为其资产融资，单一卖方结构的发起人通常是信用卡大型发行人、汽车制造商以及抵押贷款发起人。

多卖方管道

在这种情况下，机构会逐笔从多个不相关的发起人/卖方（通常是发起机构的客户）购买各种各样的资产，并根据资产类型构建多样化的投资组合。金融机构建立这些项目是为其客户提供另一种融资方式，但是随着卖方数量的增加，组合中一笔或者多笔交易违约的可能性也随之增加。另外，单笔交易之间的相关性也增加了复式交易违约的可能性。

证券支持（套利）管道

在这个项目下，机构主要投资于政府债券、抵押贷款、资产支持证券等，发起人主要通过这种方式将资产移除其资产负债表来降低监管资本规模，证券支持结构可能利用"购买 - 持有"策略或者可能会被频繁交易来寻求套利机会。

混合结构

为了服务客户并达到自身目的，发起人会通过结合证券支持结构和多卖方融通结构构建一个更灵活的方式。

抵押商业票据（CCP）结构

与无担保的企业商业票据相似，CCP 的发行是发起人的母公司而非SPV 的直接负债，在上述结构中，投资通常不知道最终的借款人是谁，但是 CCP 的投资者却了解发起人母公司的相关债务。此外，投资者还对抵押品有追索权，以防母公司无法及时对 CCP 进行偿付。

结构性投资载体（SIV）

SIV 是通过发行次级中长期票据和资本票据（或有票据）来筹集资金，而非传统的 ABCP 所利用的信用增级方式，在严格监督情况下，SIV允许使用 10 倍到 15 倍杠杆，而银行的杠杆为 20 倍到 25 倍，SIV 的利润来源于他们发行的短期负债（ABCP）和投资的长期资产（投资级证券）之间的利差。

ABCP 管道信用类型

ABCP 管道可以分为两种类型：部分或者完全由发起人或者第三方金

融担保人提供外部信用支持，完全支持的形式趋向于整合各种信用和流动性支持工具，以实现信用和流动性风险的全覆盖保护，而部分支持形式的信用增级并没有 100% 覆盖整个项目，所以投资者仍面临信用风险。

ABCP 管道的信用增级

为了投资者能够避免违约风险，发起人通常利用特定交易（卖方水平或者资产池水平）或者项目整体（项目水平）信用增级机制或者两者的结合来构建 ABCP 管道，所以投资者只会在损失超过特定交易和项目整体信用增级水平时受影响。

特定交易增级是特定交易抵押品损失的第一吸收层，但是与该证券组合其他交易发生的损失无关，交易信用增级是用以解决每笔交易的特定信用风险与标的资产的差异。与此不同，项目整体信用增级机制是除所有特定交易增级涵盖的损失外所有损失的第二吸收层，它被看作证券组合所有交易的第二损失层，项目整体增级的一般形式包括不可撤消贷款融通、信贷资产买卖合约、次级债务、信用证、担保书或者第三方担保，项目整体增级可能是固定的，也可能根据相关证券组合的规模而变动。在理想情况下，这些增级机制应该覆盖信用风险，以及必要情况下的汇率风险和利率风险。

ABCP 的评级取决于外部信用支持是全覆盖还是部分覆盖投资管道，对于全部覆盖的 ABCP 管道，标的资产的信用质量就无关紧要了，投资者只依靠流动性提供者来弥补信用和流动性风险敞口。对于部分覆盖的管道，ABCP 的评级就会受外部信用增级和标的资产信用质量的双重影响。

流动性支持

外部流动性支持对所有的 ABCP 项目都非常重要，因为可能存在标的（长期）资产的现金流与 ABCP 的及时偿付之间的时间错配。如果管道无法为其商业票据的发行进行再融资，尤其是在市场异常波动时期，那么就需要流动性以完成对全部投资者的及时偿付。发起银行一般提供交易 102% 的流动性支持，外部的流动性支持主要通过流动性资金贷款协议

（LLA）或者流动性资产购买协议（LAPA）实现，流动性银行会在 LLA 框架下提供资金支持，而对于 LAPA，银行会购买协议项下的资产，并在资产负债表中持有该资产，这些协议通常可以延期至 364 天，其他流动性融通机制包括总回报掉期、再回购协议，ABCP 最高的信用评级取决于流动性提供者的信用评级。

抵押支持证券（MBS）

抵押支持证券是以抵押贷款为基础的证券化工具，可以分为住宅抵押贷款（RMBS）和商业抵押贷款（CMBS）。此外，RMBS 的相关资产池可以由优质或次级住房抵押贷款构成，优质抵押贷款一般是高街银行提供给高质量借款人的贷款，而次级抵押贷款的借款人信用较差，不具备定期及时还款的能力。在英国，这些抵押贷款无法满足严格的高街银行放贷标准，可能是因为糟糕的信贷历史、抵押贷款欠款或者地方法院审判，这些贷款被称为不遵照准则的、无地位的或者违反信贷抵押的抵押贷款。

普通 MBS 产品包括抵押过手证券、抵押担保债务证券和商业抵押支持证券。

抵押过手证券/参与证书

这些证券是最重要的 MBS，借款人偿还的一定比例的利息和本金（减去服务费）会直接转移到投资者手中，抵押过手证券一般也适用于拥有长远眼光的投资者。

抵押担保债务证券（CMOs）

CMO 是由抵押贷款池或过手证券或两者结合担保的多层级票据，它们会被构建成多个层级以满足不同投资者的风险偏好，不同层级的现金流模式和平均期限都不一样，现金流会根据协议中预先设定的优先级顺序进行分配。与抵押过手证券相较，CMO 产生现金流的确定性更高，而且它发行的期限可以是各种各样的。1986 年发布的美国税制改革法案允许 CMO 通过不动产抵押贷款投资载体（REMIC）发行以实现税务效率。

事实上，CMO 和 REMIC 可以互相替换。若 REMIC 是以抵押贷款池为担

保，那么 Re – REMIC 可以通过 REMIC 债券的潜在现金流构建，Re – REMIC
通过将已有的 REMIC 债券转移给 SPV，SPV 随后会发行两个新的债券——
以先前存在的 REMIC 的现金流为担保的优质和次级债券，新的优质 Re –
REMIC 债券拥有原先 REMIC 的信贷支持以及次级债务的信贷支持。

CMO 债券的分类

CMO 分级一般用来最小化风险或者最大化收益（Hayre 和 Young，
2004），下面介绍一些 CMO 的普遍分类。

接续还本结构（传统证券业务）

这是 CMO 最基本的形式，在这种结构下，本金的偿付遵循严格的顺
序，所有的层级都会定期收到利息支付，但是本金的偿付是按照顺序进
行，最高层级会最先收到本金偿付，随后才是下一个层级，直到最低层级
得到本金偿付。这一结构使得 CMO 更具有灵活性，偏好短期投资的投资
者可以选择优先级的票据，而长期投资者可以购买等级较低的票据。利用
本金的顺序偿付可以构造多样化的到期债务组合，相对转手证券而言，
CMO 给予了投资者更多的选择。CMO 市场因不同种类 CMO 债券的发展而
扩大，这些债券用以满足各类投资者的需求。

计划摊还证券（PAC）

PAC 最早发行于 1986 年，通过假定提前还款率处于最高值与最低值
之间，从而为 CMO 本金偿付计划消除了到期日的不确定性。PAC 债券与
企业债券的偿债基金相似，具有提前确定的本金偿付计划，这也造成无法
确定其他层级的现金流，在将标的资产产生的现金流分配给投资者时，偿
付计划具有优先获得偿付的权利。提前还款的资金会分配给结构中的其他
债券，这些债券一般称为支持或附随债券，尽管这些债券的收益率较高，
但是其平均期限是无法确定的。此外，还存在 PAC 层级的一些变种，如
PACII、PACIII 等较低的层级，PAC 一般具有较宽泛的提前还款边界，而
这些变种涉及的提前还款边界则较窄，PACI 拥有最稳定的平均期限，相
对 PACII 等具有优先级。由于这些债券拥有确定的现金流，其收益率一般
较低。断裂 PAC（X – PAC）的附随或支持层级是不存在的，所以其在本

质上与接续还本结构无异。

目标摊还债券（TAC）

这与 PAC 有些类似，不同的是 TAC 假定提前还款率为一个固定值而非一个区间，TAC 所具备的确定现金流的优势会受该结构中 PAC 的影响，TAC 可以作为 PAC 的一个附随债券，TAC 的收益率比 PAC 高，但是低于 PAC 的附随债券，通常风险偏好型的小额投资者会购买附随债券，附随债券的生命周期与利率变动呈现正向变动。

Z 债券（增值／一次还本付息债券）

与零息债券相似，Z 债券在还款窗口期开始前都不会偿付利息，利息会累积在债券本金账户上直到其他层级都收到偿付，随后标的资产产生的现金流会直接对 Z 债券进行本息的偿付。Z 债券累积的利息可以在必要时为高层级的债券提供偿付，所以其为高层级的债券提供了现金流的稳定性，这些债券对利率的变动和提前还款风险特别敏感。

浮动利率债券

浮动利率债券是传统浮动利率针对提前还款风险的加强版，息票的浮动利率会遵循如伦敦同业拆放利率（LIBOR）等一般基准，并设有最高上限和较低下限（偶尔）。反向浮动利率会与指标利率的变动截然相反，这些票据为那些认为利率下行的投资者提供了工具。

剥离式抵押支持证券

通过"剥离"过程，可以使得特定债券仅能收到抵押资产的本金偿付，这些仅付本金（PO）债券在 1986 年首次发行，开始作为 CMO 的一个分支或者从转手证券中发展出来，PO 债券的市值与提前还款率的变动方向一致。仅付利息（IO）债券自然而然随着 PO 债券的发展而发展，IO 债券的息票偿付是根据理论本金金额计算的，所以不存在面值，IO 债券的市值与提前还款率的变动方向相反。事实上，本金未偿付金额的变动会加强提前还款行为对 IO 和 PO 的影响。

MBS 期限的衡量工具

在 MBS 交易中，有多种测量到期期限的工具。加权平均息票（WAC）

是以每笔抵押贷款的未清余额为权重计算的抵押贷款支持证券中抵押贷款的平均利息总额，较高的 WAC 表明随着利率的下降，再融资发生的概率会增加。加权平均期限（WAM）展示了距离标的抵押贷款到期日的剩余时间，权重仍是抵押贷款的未清余额，这一指标是衡量离标的抵押贷款付清还有多少个月，它具有季节性：WAM 较低是一个公平的估计还是因为受到了季节的影响。加权平均贷款年龄（WALA）是指从发起资产池的抵押贷款开始的加权平均月数，它也可以通过反向计算 WAM 得到。加权平均周期是最普遍的期限工具，以一些提前还款假定为基础，衡量每一货币单位的本金得到偿付前的平均年数，资金池变量是当下本金未偿余额与发行时本金总额的比例，所以这一变量在发行时是 1.00，随着本金的偿付而缓慢下降。

衡量 MBS 的收益工具

收益是指一项投资的预期年回报率，抵押贷款支持证券的收益高于国债收益，但低于标的抵押贷款的利息，其差额是支付给服务商的服务费用。预期收益与购买价格和息票率相关，收益反映出了基于相关抵押贷款的提前还款假设而计算的债券预期周期。

固定（有条件的）提前还款率（CPR）

提前还款是指抵押贷款本金的偿付日期早于其应收日，提前还款行为可能是自愿的，也可能是非自愿的，当房产拥有者决定对其抵押贷款或借款人进行再融资时，他们会自愿提前还款，这可能会缩短期限以及节约利息支付。而当房产拥有者违约时，就会发生非自愿的提前还款。因此，CPR 是指在一年之内提前偿付的抵押贷款未清偿本金的比例。

商业抵押贷款支持证券（CMBS）

CMBS 是以具有商业用途的资产所产生的现金流为抵押担保，这些资产包括零售店、办公设施、宾馆以及例如公寓和养老院等多户用房。大多数的商业贷款期限为 25 年到 30 年，相较其他类型的抵押贷款，其提前还款风险较低。与零售抵押贷款不同，商业抵押贷款无追索权，即一旦贷款发生违约，贷款人对借款人的其他财产没有追索权，因此商业财产的现金流产生能力对有效的 CMBS 分析至关重要。与信用风险评估相关的资产的其他特性包括债务偿还比率（DSCR），该指标用于衡量现金流对偿还现有负债的有效性，还包括初始贷款价值（LTV）、收益走势以及占用率。CMBS 的效益主要取决于标的商业房地产的价值。

CMBS 的背景

在储贷危机中，资产重组托管公司做出的补救措施在于建立了 CMBS 标准，随着商业房地产市场的东山再起，私人贷款者使用并完善了这一标准。相似地，欧洲的 CMBS 在 20 世纪 80 年代英国萧条时期开始发展，但由于这一时期放贷关系比较紧张，CMBS 交易完成量特别少，进行 CMBS 交易一般是出于实现风险转移或者获得融资的动机。随后在 20 世纪 90 年代，该市场进行了革新，交易量开始增长，发行了一种最早的合成型 CMBS，包括 1997 年发行的 5.55 亿英镑的金丝雀码头融资证券和第一笔巨额 CMBS 交易：15 亿英镑规模的布罗德盖特证券化。发行人涉及商业银行、地产开发商、企业和政府，投资者包括保险公司以及专注于投资级 CMBS 的资产管理人，与此同时银行和货币市场也对短期高质量的 CMBS 债券表现出浓厚的兴趣，各种金融机构包括银行、商业票据渠道、SIV、CDO、保险公司、养老基金和对冲基金。与其他证券化不同，欧洲 CMBS 的抵押物类型很繁杂，使其不容易进行统计分析（Hussain，2006）。

资产支持证券（ABS）

一般而言，所有的证券化工具都是资产支持证券的一种形式，但是在实际上，资产支持证券（在狭义上）是指非抵押贷款支持证券，根据期限，资产支持证券可以分为短期的 ABCP、以消费者和商业信用为支持的 ABS。

在 1985 年 3 月，斯佩里金融租赁公司以电脑租赁为支持发行了第一笔 ABS，随后在同一年，许多汽车贷款 ABS 被发行，而非直接发行债务性证券。相较于将资源花费在匹配资产负债上，发行人发现将这种错配风险转移给投资者更加方便，尽管 ABS 的息票支付额高于企业债券成本，但是如果考虑资本监管要求的话，ABS 的发行成本就小得多（Dub，1987）。

拥有可预期现金流的资产很容易进行证券化，构建固定收益工具需具备。

1. 可预期的现金流。

2. 拥有较低的行为不良率和较高的清算价值的高质量资产（如车辆）。

3. 全部本金可在资产整个生命周期中分摊支付，而非最后一次还清。

4. 平均生命周期需达到 1 年或 1 年以上，从而有 3 个月到 6 个月的时间来构建 ABS 交易。

美国银行在 1987 年发行了第一笔信用卡资产支持证券，没有过多的证据显示在低利率环境下汽车行业有提前还款的倾向，美国银行两年内共发行了 28 笔证券，反映出美国 ABS 市场的快速发展（有关资产证券化的更多历史详见第 4 章）。

担保债务凭证（CDO）

CDO 是资产支持证券的重要组成之一，与一般 ABS 相似，他们也是以产生现金流的资产（债务欠款）为支持的证券，相关资产池的资产通常流动性超差且对单一投资者分析而言过于复杂，它可以包含各种各样的资产，包括但不限于商业贷款、企业债券、MBS、ABS 以及其他 CDO 的一部分，相较上述提过的传统资产证券化而言，该资产池十分混杂且涵盖更少的资产，因此，投资者更加难以对该资产池进行分析，因为他们必须评估抵押品的违约风险以及同一资产池内不同资产的相关性。然而事实上，评级机构所用的模型对投资者关于这些工具质量的看法有很大的影响。CDO 会由于标的资产、层级结构、动机和信用构建的不同而千差万别。

就像一个企业，CDO 也会涉及权益以及多类别的债务和证券。债务证券会根据标的资产产生的本金和利息的优先级进行分层，权益层是应对信贷损失和支付延迟的第一重防护，与企业的权益持有者相似，这些层级只能分摊其他层级获得全部偿付后剩余的现金流。次级层会保护优先层使其免受信贷损失，从而获得更高的回报。分层的目的在于通过满足投资者的需求来使融资成本最小化，因此，优先层一般都是比例最大的，而权益层占资本结构的2%到15%。

CDO 的动机和目的

CDO 可以根据其目的进行分类，要么是为了资产负债表管理，要么是出于套利动机（Newman 等，2008）。一方面，资产负债表型 CDO 可以用来管理资产负债表、规避监管资本要求或者使融资成本最小化，发起人的资产作为 CDO 的抵押品，资产负债表型 CDO 允许替换已摊销的资产，但是标的资产经常是不可交易的，这些资产可能会通过现金出售或者人为地通过信贷违约互换实现转移。虽然通过人为资产转移构建的资产负债表型 CDO 可以降低资本要求，但是资产负债表的规模并没有缩减，因为不存在资产的实际出售。另一方面，套利型 CDO 会购买被低估的资产，随后将这些资产进行证券化，以谋求标的资产违约后的收益与债务融资成本之间的利差/资金缺口，该利差就是套利的目的，资产管理者因其对 CDO 资产进行监视和交易而收取一定的管理费（Choudhry 和 Fabozzi，2003），图 3.4 表现出了美国大多数 CDO 都是套利型 CDO。

CDO 融资

如前文所言，CDO 可以根据风险转移的方式进行分类；CDO 不必自持资产以获得信贷风险敞口，在合成型 CDO 中，相关风险可以通过信用违约互换转移至 CDO。现金型 CDO 更为普遍，它涉及了购买资产从而为债务部分提供担保，传统（现金型）CDO 拥有相关资产池，而合成型 CDO 拥有相关资产池的信用违约互换。此外，混合型 CDO 拥有现金型 CDO 和合成型 CDO 的一些特征，其现金流一部分来自标的资产，一部分来自信用违约互换的权利金。

CDO 的标的资产

CDO 还可以根据标的资产进行分类，例如，抵押品由贷款构成，可以是企业贷款（CLO）、债券（CBO）或者结构化产品（结构性融资 CDO，如二次合成 CDO）（Shivdasani 和 Wang，2011）。2004 年 6 月发布的巴塞

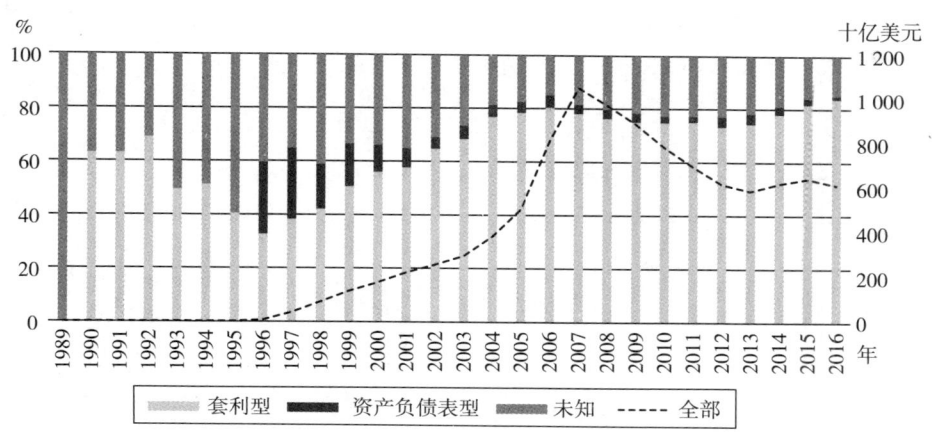

资料来源：作者自行绘制。

数据来源：http：//www. sifma. org/research/statistics。

图 3. 4　美国 CDO 未清偿余额（以动机分类）

尔协议 II 修订了与分层相关的银行激励机制，因此，银行持有优先级证券的动机——更低的资本要求——成为 CDO 发展的主要推动力，包括对冲基金等大部分其他主要投资者更愿意持有风险更高的次级层（Shivdasani 和 Wang，2011）。

CDO 的信用结构

为债务层提供的损失保护机制决定了一个将 CDO 构建为拥有现金流还是具有市场价值的信贷结构。在市场价值结构中，标的资产能够以市场价值频繁交易，从而确保了抵押品的市场价值足以对债务层本金和利息进行偿付。资产池采用逐日结算方法估算价值，从而涵盖了潜在的市场价值波动，因此资产池的价值是持续波动的，当抵押品的市场价值低于未清偿债务总额时，这些 CDO 就依赖于管理者出售资产获得现金流的能力。

相反，标的资产现金流型 CDO 并不经常频繁交易，除非触发特定因素，因此，抵押品就是用来产生足以偿还债务层本金和指定息票的现金流。如果发生任何信贷损失，现金流就会从次级层转移到优先层。现金流型 CDO 依靠到期资产、提前支付的本金和利息（静态质押产生的现金流）

所产生的收益来偿付其负债，市场价值型 CDO 较为稀缺，因为其现金流的结构拥有更高的杠杆，被认为是更有效的方式（见图 3.5）。

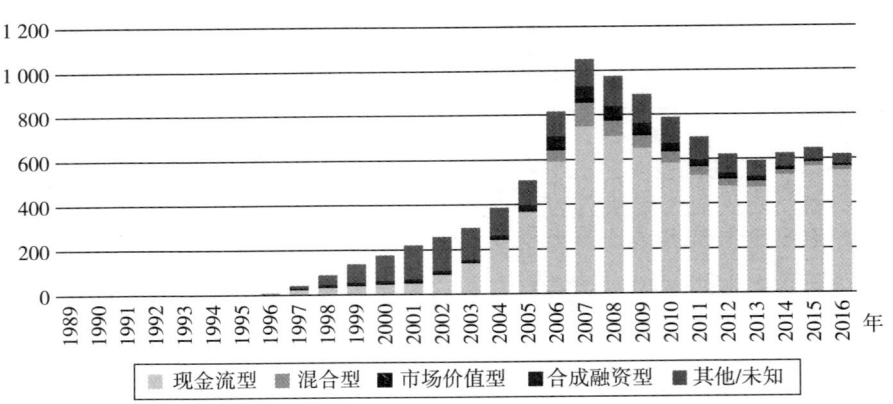

资料来源：作者自行绘制。

数据来源：http：//www. sifma. org/research/statistics。

图 3.5　美国未清偿 CDO 的类型

P2P 资产证券化

银行在传统上始终扮演着储蓄者和借款人之间金融中介的角色，银行收集存款，并将其为贷款融资。点对点借贷平台绕过了银行，通过互联网直接匹配贷款人和借款人，点对点借贷与银行的关键区别在于前者既不接收存款也不放出贷款。

点对点借贷行业的鼻祖是英国的 Zopa，成立于 2005 年，随后在 2006 年，Prosper 在美国成立，中国的第一家点对点借贷平台成立于 2007 年。在初期，借款人能够直接与贷款人建立联系，所以称为点对点，然而借贷方式慢慢改变了，因为机构投资者更愿意投资贷款群组。因此，这种借贷方式在美国也称为市场借贷，借款人会与那些购买市场贷款人发行的票据的贷款人构建联系。贷款人的资金会被分为一个一个很小的部分，为不同风险程度的众多借款人提供资金——植入式证券化，这个模式通过对多样化的借款人投资来管理信贷风险（Deloitte，2016）。

　　近期，点对点借贷平台引入了传统的资产证券化以吸引大型投资者的注意，从而获得相对较低的融资成本。在 2013 年 9 月，名为沉香资本管理公司（Eaglewood Capital）的一家对冲基金发行了第一笔由 Lending Club 发起的、以 P2P 贷款为支持的未评级的证券（5300 万美元）（Alloway 和 Massoudi，2013）。在 2013 年 12 月，专注于私人（P2P）学生信贷的 SoFi 发行了以价值 1.68 亿美元的抵押品（研究生贷款）为支持的第一笔公开（评级）证券，摩根士丹利公司为其构建了 1.52 亿美元的优先层，道明债券评级服务（DBRS）给出了 A 级信用评级，这笔交易吸引了保险行业的机构投资者。随后在 2014 年 7 月，DBRS 和标准普尔（S&P）均对一笔价值 2.7 亿美元的交易给出了单 A 级信用评级，由于货币市场基金等大型机构投资者无法对只有一家主要评级机构提供评级的投资产品进行投资，这笔交易成为 P2P 贷款证券化的转折点（Alloway，2014）。Prosper 发行了第一笔以消费者贷款为支持的具有评级的交易（3.27 亿美元），该公司在 2015 年是第二大市场贷款人，穆迪（Moody's）对这笔交易的优先层（2.81 亿美元）给出了 Baa 级信用评级，对次级层（0.45 亿美元）给出了 Ba3 级，更重要的是，这包含了 0.5 亿美元的先融资功能，即债券是以用于购买将要在未来发起的 P2P 贷款的资金作为支持的。

　　截至 2016 年 2 月，由于违约率和坏账率的上升速度高于预期，穆迪公司将许多花旗集团票据（以 Prosper 发起的未担保的消费者贷款为支持）下调评级，随后，原先的评级作为弥补持续增加的预期损失而进行的交易的评级（穆迪，2016）。

　　在 2016 年 4 月，一家名为 Funding Circle 的英国市场贷款人发行了第一笔以 SME 贷款为支持的欧洲证券（1.3 亿英镑），该 SME 贷款是由 Funding Circle 发起，但是由 KLS 多元化资产管理公司（KLS Diversified Asset Management）持有（Hale 和 Williams，2016）。2016 年 9 月，Zopa 发行了第一笔以未担保消费者贷款为支持的欧洲证券（1.5 亿英镑），该笔贷款是由一家名为 P2P 全球投资有限公司（P2P Global Investment PLC）的机构基金发起并持有。

然而现今，随着工业的发展，一些上述的贷款人开始模仿银行，例如，全球 P2P 的鼻祖 Zopa 申请了银行许可证，成立了数字银行。

结论

本章阐述了不同类别的资产证券化结构和工具，包括资产支持商业票据、抵押贷款支持证券、其他资产支持证券、担保债务凭证、担保贷款凭证以及这些工具的各种衍生品。

注释

① 抵押贷款、应收贸易款项、信用卡应收账款、汽车贷款和设备租赁/贷款、商业贷款、资产和抵押贷款支持证券、担保债务凭证和政府债券。

② http://www.wellsfargofunds.com/assets/pdf/fmg/icm/primer_abcp.pdf。

③ 许多银行开始利用 Zopa 借贷平台进行借贷活动，一家名为 KLS 的美国资产管理公司承诺对英国 SME 贷款投资了 1.32 亿英镑。

④ 这些贷款均由一家名为 KLS 的美国资产管理公司持有。

第 4 章

资产证券化的发展历史及区域概况

介绍

本章阐述了资产证券化市场的历史和区域发展，早期资产证券化包括 19 世纪 60 年代的农场铁路贷款证券、19 世纪 80 年代的抵押贷款支持公司债券以及 20 世纪 20 年代公开发行的抵押贷款证券。而现代资产证券化开始于 20 世纪 60 年代末，美国政府成立了政府支持型机构（GSEs）以鼓励抵押贷款借贷和房屋所有权，私营企业是在 20 世纪 70 年代才开始进行资产证券化的。像 REMIC 等创新型新产品以及巴塞尔协议 I 中关于证券化资产的资本要求监管的缺陷分别是 20 世纪 80 年代和 20 世纪 90 年代资产证券化市场发展的主要推动力，在 2007 年到 2009 年国际金融危机爆发前的 21 世纪，资产证券化市场经历了高速发展，而在危机后停滞不前，随后我们讲述了危机后在资产证券化领域的监管改革。

本章还分析了欧洲资产证券化市场的替代——资产担保债券市场，美国和欧洲成为全球最大的两个证券化市场，然而，两个市场的市场结构迥异，本章对这两个证券化市场的出现和发展都进行了阐述。

20 世纪 70 年代的市场兴起

从历史进程中，许多金融创新都来源于重大事件的发生，新奇的资产证券化也不例外。在大萧条时期，较高的失业率导致大规模违约及抵押物拍卖，随着一些私人贷款人破产，住房危机爆发，私人贷款人——商业银行、寿险公司和储蓄银行——作为迄今从事抵押贷款的主要金融机构，越来越不愿提供抵押贷款，所以美国政府在 1934 年创立了联邦住宅管理局（FHA）抵押贷款保险项目，通过政府批准的贷款人对抵押贷款担保而使房地产市场复苏，从而鼓励贷款人增加放贷，因为合格抵押贷款的违约风险由 FHA 而非贷款人自身承担。

联邦国民抵押贷款协会（FNMA - 房利美）于 1938 年成立，作为抵押贷款的持续融资渠道，它提供了可负担的住房以及可持续的房屋所有权，房利美通过从贷款人手中购买 FHA 担保的贷款创建了抵押贷款二级市场，从而盘活了放贷资金，流动性的提升增加了可放贷资金，最终降低了抵押贷款利率。由于财政压力，房利美在 1968 年转变为股东所有制，房利美的重组使其从联邦预算中解脱出来，它可以通过资本市场获得资金。作为一个私营企业，房利美的职责就是获得满足特定承销标准的传统（非政府担保）抵押贷款——称为合格抵押贷款。与此同时，作为一家国有企业，政府国民抵押协会（GNMA）成立，在 1970 年，GNMA 通过为转手抵押贷款支持证券（MBS）提供明确的担保开创了第一笔现代证券化资产，该 MBS 是由政府机构发起或担保的抵押贷款作为支持的。[2]

在 1970 年，联邦住宅贷款抵押公司（房地美）在美国政府倡议下成立，目的是解决那些主要发行固定利率抵押贷款的储蓄银行所面临的利率风险。具体而言，储蓄银行将其长期贷款出售给房地美，从而增加其可放贷资金并降低其对利率不利变动的风险敞口。房地美的建立还有一个目的，即深化抵押贷款二级市场，这就与房利美产生了竞争，两个机构都可以买卖合格的传统抵押贷款。

房地美在 1971 年发行了第一笔 MBS、参与证书（PC），而房利美在 1981 年发行了第一笔 MBS，尽管这两个机构拥有相同的职能，但是其商业模式迥异。房利美的主要策略是持有所得抵押贷款的投资组合，而房地美主要关注于发行 MBS，从而将利率风险转移给 MBS 的投资者。这些机构发行的 MBS 统称为机构 MBS，这些 MBS 是简单的过手证券，即投资者会在抵押贷款清偿之前按一定比例获得抵押资产所产生现金流的本金和利息偿付。

由于 GNMA 是政府组建的，其发行的 MBS 在遭受借款人违约造成的损失时具有明确的政府背书，房地美和房利美都是私人投资者所有的公开上市的企业，但是人们普遍认为房地美和房利美发行的 MBS 均有隐性的美国财政部担保，因此这些 MBS 并不需要信用增级，因为这些担保的存在，违约就只是反映相关资产池的提前偿付，2007 年到 2009 年国际金融危机期间美国政府提供的经济援助无疑是对这一认知的证明。

创造 CMO

　　MBS 的投资者一般面临着利率风险（提前偿付风险）和违约风险，投资者并不担心机构 MBS 的违约风险，因为他们认为这些工具有政府担保，而利率的潜在变动才是最主要的风险，因为大多数进行证券化的贷款都是固定利率的长期贷款（如 15 年期固定利率抵押贷款）。一方面，利率的上升会使 MBS 价格下降，MBS 贬值。另一方面，利率的下降激励借款人提前偿付原贷款，并为其标的抵押贷款进行再融资，而由于合格贷款的提前还款罚金并不常见，提前还款行为更有可能发生，利率风险的不确定性使得构建一个简化的 MBS 十分困难（McConnell 和 Buser，2011）。此外，一些投资者不愿意投资 MBS 的原因在于提前还款风险以及标的资产较长的到期日使得 MBS 的期限无法确定，这样就使其进一步暴露在利率风险中。另外，委托人信托安排的会计和法律限制阻碍了多类别转手抵押贷款的发行。

　　分期偿还抵押担保债务证券（CMO）可以跨越这个障碍，CMO 本质上是以抵押贷款为支持的 CDO，这些多类别证券以机构 MBS 的资产池为支持，短期投资者投资于第一层级，该层级又被称为计划摊还类别（PAC）或目标摊还类别（TAC）债券。对投资者偿付的顺序类似瀑布，标的资产产生的本金支付会沿着优先级持续往下偿付，直到所有的标的贷款完全付清，与此同时，利息支付会根据相关层级的未清偿本金进行支付。由于分层，拥有不同到期日的各种证券可以满足广泛投资者迥异的到期日要求。房地美和房利美分别在 1983 年和 1985 年发行了最早的 CMO，CMO 的发行扩大了除储蓄银行外的抵押贷款相关证券的投资者规模，涵盖了许多非传统投资者，如寿险公司、养老基金和外国投资者（Hu，2011）。

不动产抵押贷款投资载体（REMIC）

尽管投资者对 CMO 的需求很旺盛，但是大规模的发行造成发行人资产负债表过重的负担，这是因为 CMO 是作为一项负债发行的，而非出售资产，因此不断发行 CMO 需要权益资本的大力持续支持。随着美国经济从 20 世纪 80 年代的衰退中慢慢复苏，住房贷款需求大幅上升，从而就需要不断增加的权益资本以维持 CMO 发行水平。

后来，1986 年税制改革法案颁布，用以简化美国所得税代码并消除了税法中的一些特殊规定和漏洞，法案条款允许发行不同到期日的多类别转手证券，在该条款下，不动产抵押贷款投资载体（REMIC）出现，这是一个免税的主体，该条款实际上允许 CMO 可以作为 REMIC 证券发行。RE-MIC 是多类别抵押贷款相关证券，其标的抵押贷款的现金流可以通过管理实现不纳税，标的抵押贷款的本金和利息偿付被分成不同类别的债券——层级。根据该法案，满足一定准则的交易就可以实现税务豁免，从结构的角度而言，这与 CMO 实际上是非常相似的，所以虽然 CMO 在 1987 年后不再发行，但是 REMIC 和 CMO 仍可以替换使用。

建立起的抵押贷款市场允许具有放贷竞争优势——但是吸收存款能力有限——的银行能够出售其抵押贷款，同时增加其放贷资金，反之亦然（Hill，1997），他们如今可以将利率风险以及违约风险从资产负债表中移除，这些政府支持型企业从众多发起人手中购买合格的抵押贷款，随后在资本市场发行固定收益担保证券。自然而然，投资者的回报就会与标的抵押贷款池的表现息息相关，而信贷风险和提前偿付风险实质上仍保留在这些企业中。MBS 对投资者很有吸引力，因为他们非常灵活，且被认为是风险较低的投资产品（Valdez 和 Molyneux，2010）。

20 世纪 80 年代的储贷危机

商业抵押贷款支持证券可以用来描绘 20 世纪 80 年代中期的储贷危机。储蓄和贷款机构（储蓄银行）通过小额存款来为长期抵押贷款融资，随着通货膨胀和利率的上升，他们不得不提供更高的利率来保持存款资金，然而他们所提供的抵押贷款主要是固定利率贷款，所以这些银行开始出现巨额亏损。为了利用利率的上升趋势，他们开始进行高风险的商业不动产放贷以求弥补其亏损，但是不幸的是，这甚至使他们损失更为惨重。资产重组信托公司（RTC）成立于 1989 年，通过从储贷银行中购买资产并将其出售给投资者来解决此次危机，RTC 利用商业不动产抵押贷款的证券化来防止银行业的系统性崩溃，因此 RTC 创建了商业抵押贷款证券的原型，随后被私营企业不断使用和发展（Valdez 和 Molyneux，2010）。

私营企业进入市场

在 20 世纪 70 年代末，私营企业开始发行 MBS，这些 MBS 是以那些超出政府支持型企业涉猎范围的资产，然而，相对政府支持型企业，私营企业处于成本劣势。由于投资者都认为美国政府会为所有的机构 MBS 担保，信用增级一般无关轻重。此外，政府支持型企业不受一些联邦、州、当地税收以及证券管理的管制，他们还不受储备金和资本充足率要求的限制。

在抵押贷款二级市场，政府支持型企业是合格抵押贷款市场的主要参与者，而那些不合格贷款就为私人贷款者提供了渠道。例如，政府支持型企业对合格贷款设置了规模限制；超过规模限制的抵押贷款证券（巨额抵押贷款）一般只为收入较高的借款人的抵押贷款提供资金。美国银行在 1977 年发行了第一笔非机构（私人）转手抵押贷款（Hu，2011），而私人贷款发行量在下一个十年（1977—1986 年）里发展缓慢，年发行量从未超过 70 亿美元。在利率较低的环境下，发行量会大幅上升，从而激发了对更为复杂的资产证券化的需求。

1986 年 REMIC 的产生对抵押贷款相关证券市场具有非凡意义，从 1986 年到 1993 年，机构和非机构证券发行量都迅猛增加。REMIC 引人注目的增长还要归功于对层级风险细分的不断创新，这些创新有助于将风险从一个投资团队中转移到另一个投资团队，而过程中并不降低标的资产的风险，例如，一个层级提前偿付风险的降低只能通过将该风险转移给其他层级实现，这些创新出现在利率较低的市场环境中，为投资者提供了更高的收益率。到 1993 年，投资者规模开始缩减，从而限制了其流动性。1994 年 2 月，为应对通货膨胀，利率开始上升，某些层级的息票锐减至零，一些投资者破产。1994 年，所有证券的发行出现断崖式下降，但是非机构证券的发行在 1995 年第一次超过机构证券的发行。

此外，私人发行者超越了非合格抵押贷款（巨额抵押贷款、浮动利率抵押贷款、次级抵押贷款、商业抵押贷款）的限制，开始将设备租赁（1985 年 4 月）、汽车贷款（1985 年）、信用卡应收账款（1987 年）以及学生贷款（1993 年）进行证券化。此外，银行还在 20 世纪 80 年代末开发了资产支持商业票据载体（ABCP）。更重要的是，私人发行的 MBS 渐渐蔓延至全球范围，在欧洲，英国在 1985 年发行了第一笔 MBS，到 20 世纪 90 年代蔓延到澳大利亚、日本、东南亚、拉丁美洲和加拿大。

20 世纪 90 年代的资本套利

1988 年巴塞尔协议（巴塞尔协议 I）出台，1992 年巴塞尔协议被采用以应对 20 世纪 80 年代出现的发展中国家债务危机，这一倡议主张国际银行在增强全球金融体系的有效性和稳健性方面实施标准化的最优行为。一般而言，巴塞尔协议 I 的目的在于加强银行的资产负债表管理，并且通过留存收益或者获取其他资本来提高银行吸收预期之外的损失的能力，更具体来说，基于风险的强制性资本措施是为银行损失提供了一个缓冲，在破产时保护债权人的权益，并且披露银行过度的冒险行为。

巴塞尔协议 I 设定风险加权资产的最低资本充足率为 8%——资本：风险加权资产，一级资本（实收资本加留存收益）应至少占银行所持总资产的一半。总而言之，政府债券的信用风险权重为 0%，政府机构债券（如机构 MBS）的权重为 20%，其他抵押贷款的权重为 50%，企业贷款的权重为 100%。因此，在为一项抵押贷款融资时，资本比例必须达到 4%（50%×8%），其余 96% 可以通过其他方式融资，而对于一项企业贷款，资本所提供的资金比例必须达到 8%（100%×8%），其余 92% 可以通过其他方式融资。

巴塞尔协议 I 实施前，对存款的激烈竞争推动银行进行资产证券化，但是巴塞尔协议 I 实施后，银行越来越多地利用资产证券化和风险分类工具以规避资本要求——监管资本套利。巴塞尔协议迫使商业银行增加其所持的资本量，但是它也为监管资本套利创造了空间，由于资本充足率是一个分数，它可以通过增加分子（资本）或者通过减少资产或风险资产来降低分母（贷款），这就导致银行开始对资本充足率进行人为调整，即在没有实际降低整体经济风险暴露的情况下使资本率虚长。

巴塞尔协议 I 的缺陷

巴塞尔协议 I 因其过分关注信用风险而忽略了经营过程中的利率或者汇率风险而备受批判，尽管这些市场风险随后被纳入考虑范围。此外，人们还认为其设定的风险权重过于粗放，事实上，一些风险权重是协议多方通过商议主观制定的，忽略了每一资产类别的实际风险。另外，8% 的固定名义资本要求也忽略了资产可观测到的风险溢价。风险权重没有考虑风险的特性，因此无论抵押贷款质量如何，其风险权重均为 50%，而抵押贷款支持证券的风险权重仅为 20%，转移给 SPV 的贷款以及向其他渠道提供的流动性支持并没有风险权重。

因此，银行（尤其是美国银行）开始抓住风险度量中的漏洞，通过创新型工具增加杠杆，从而使其报告的监管资本虚高，而资产证券化成为实现这一目标的普遍工具。Jones（2000）描述了实现监管资本套利的各种方式，第一，银行可以将资产进行没有追索权的证券化，从而降低其风险加权资产的规模。第二，当资产证券化附属追索权时，可以由发起银行提供信用增级（次级贷款）以提高 ABS 层级的信用评级，评级机构所需要的信用增级是抵押品质量的反函数，然而，即便信用增级被看作是具有100% 风险权重的追索权，当对证券化资产的追索比例低于 8% 时，银行的资本率也会虚高。有证据表明，巴塞尔协议 I 框架激励了银行将其高质量资产进行证券化。

最后，一种称为远程发起的更为复杂的方法可以将信用增级当作直接信用等级的替代品，其可以将资本费用限定在信用增级的最大可能信贷损失的 100% 到 8%，在这种方法中，SPV 是标的资产的指定发起人，而非通常的发起银行，SPV 所发起的贷款由发行 ABCP 融资，评级机构通常需要发起银行为该证券提供 100% 的流动性支持而实现的信用增级，而银行提供的流动性支持不存在资本要求。相较直接由发起银行将贷款进行证券化，通过这种方法，企业贷款的证券化将实现更高程度的监管资本套利。这一趋势也造成人们对监管资本率的有效性的担忧。

到 20 世纪 90 年代末，一些次级贷款的贷款人徘徊在破产边缘，而一些卓越的银行所持有的资本不足以弥补其在资产证券化中保留的权益。美联储为此修订了巴塞尔协议 I，并于 2001 年 10 月推行，这一规则明确指出发起人有关证券化资产的保留权益应持有 100% 的资本要求，而这一比例在之前为 8%，而这仅仅促使发起人出售其保留的权益，而将第一损失风险也转移给了投资者。

此外，资产支持证券新的资本要求也十分倚重信用评级。例如，持有AAA 级 MBS 需要 1.6% 的资本要求，这与政府机构债券（机构 MBS）所需要的资本要求相似，而 BBB 级证券的资本要求达到 16%，AAA 级企业证券的资本要求为 8%。并且，与其持有资产，银行会将其资产进行证券化，以此降低其必须持有的资本规模。例如，对于 100 英镑规模的基本抵押贷款，其资本要求为 8% × 50%，可能还需要为预料之外的损失提供 1英镑的准本金，而银行购买自己发起的以 100 英镑抵押贷款池为支持的证券所需的资本要求大约为 4.1 英镑。

20 世纪 90 年代的欧洲市场

在 20 世纪 90 年代，资产证券化仍主要在美国市场发展，而在欧洲市场的发行十分有限。首先，98/32/欧盟指令对 MBS 给予了 50% 的风险权重，而在美国机构 MBS 的风险权重仅为 20%，从而使得对欧洲 MBS 的投资就很昂贵。其次，欧洲共同体条约（第 87 条）限制了在欧洲成立类似政府支持型企业的机构。另外，碎片化的欧洲金融市场并不适合资产证券化的发展（Coles 和 Hardt，2000），有人认为银行在资本套利方面的活跃程度取决于资本要求的严格程度，美国银行的一级资本占风险权重资产的比例增加了大约 38%，而英国银行的这一数据仅为 0.89%，因此美国银行更有动机使资本率虚高（Wagster，1999；Jablecki，2009）。

2007 年到 2009 年金融危机前 21 世纪初的发展

在 20 世纪 90 年代，政府支持型机构（GSE）在次级抵押贷款方面几乎没有风险暴露，但是到 2000 年，他们开始将次优级、"A－"级、次级贷款以及非机构支持证券列入其投资组合中，他们逐渐成为抵押贷款市场的主要参与者，但是他们主要通过增加其投资规模来扩大其投资组合。2000 年到 2003 年，GSE 利用会计准则来隐藏收益的波动性，因而这些机构的风险被低估。GSE 持有的 MBS 占市场总发行量的比例从 73% 下降到 2004 年的 50%，这一趋势持续到 2006 年（36%），而与此同时，私人贷款者资产证券化的规模大幅增长（详见图 4.1），私人贷款者通过向次级借款人或者信用记录较差的借款人提供贷款而扩大规模，这些贷款中有一部分几乎不需要任何有关收入或资产的证明。

由于会计违规行为，GSE 遭受了越来越严格的监管，但是他们可能无法适应私人贷款人带来的越发激烈的竞争环境。尽管 GSE 发起的市场份额有所下降，他们仍积累了大量高利率的私人 MBS 以增加其利润率。

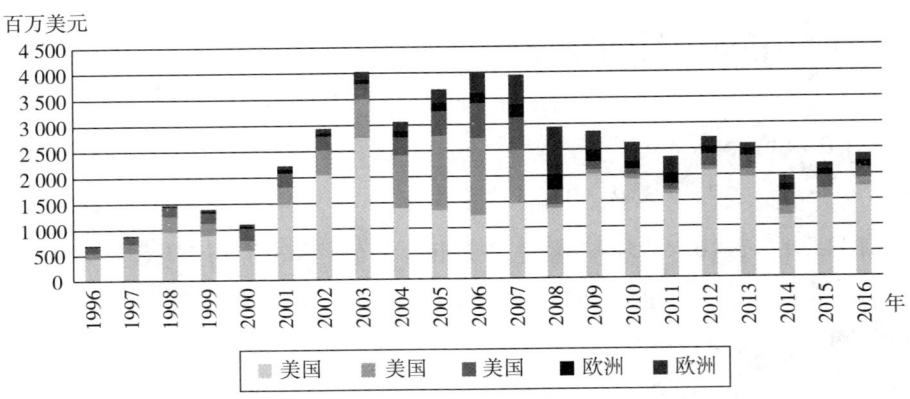

资料来源：作者自行绘制。

数据来源：http：//www. sifma. org/research/statistics。

图 4.1　美国和欧洲证券发行量

2001 年出台的新规降低了高利率的非机构 MBS 的资本要求，持续的资本宽减以及较低的利率推动了私人资产证券化的需求，尤其是银行（FCIC 2011）。在低利率的环境中，投资者通过私人 MBS 可以获得较高的收益，因此私人 MBS 的需求大幅增加。然而，这种增长错综复杂，投资者无法进行自己的尽职调查，他们对这些日益增长的复杂、隐秘投资的风险评价主要依赖于信用评级。从供给方面而言，资产证券化交易中获得的丰厚的佣金和费用收入使得供给不断持续，所有的参与者都能因承担了资产证券化交易中的某一角色而获得费用收入，商业银行和投资银行将其奖励机制和薪酬福利与短期收益相连。相似的，评级机构也从资产证券化交易的评级中获取数量可观的费用收入，因此他们很可能为了保留业务而给出虚高的评级。资产证券化的发展以及相关的监管资本套利使得巴塞尔协议 II 监管框架在 2004 年初次采用，该协议修补了巴塞尔协议 I 的缺陷，但是必要的资本充足率仍为 8%，新协议规定风险权重既可以基于信用评级，也可以基于用于信用风险度量的内部评级，内部评级显然无法捕捉资产证券化交易中的内含风险，而评级机构又受利益驱动，因此将这两种评级纳入监管协议中可能会加重评级虚高（Caprio 等，2010）。

较低的承保标准

随着对私人 MBS 需求的增加，较低的承保标准逐渐在美国抵押贷款市场蔓延。资产证券化消除了发起人在证券化后监控抵押贷款表现的动机，因为这些资产已经不在发起人资产负债表中了。一些贷款人并不需要存款证明，而另一些则在没有提供收入、资产、工作的情况下为其提供抵押贷款。所提供的次级贷款一般具有引诱利率、负值摊还、只还利息的特征，浮动利率的次级抵押贷款经常是初期利率较低（引诱利率），在一个较短期限（一般为 12 ~ 36 个月）后，利率会调整为较高的水平。例如，2/28 ARM 目的是要在两年内重新融资或造成拖欠，这些贷款通常是提供给那些信用历史较差或收入查无实据的借款人，只要房价持续攀升，房屋所有人就会在调息日前对抵押贷款进行再融资。事实上，房价在低利率的支持下近十年来持续上涨，在 2006 年达到历史高峰，而在 2006 年第一季度，房价开始下降，贷款人开始紧缩其放贷标准，抵押贷款利率上升，次级贷款难以在调息日前获得新抵押贷款或者对原抵押贷款进行再融资，从而每月按揭付款额大幅上升，尽管他们的资产价值下降。到 2006 年中旬，违约浪潮席卷而来，银行资产负债表以及资产证券化投资组合中的抵押贷款价值逐步缩水，资产证券化交易受日益增加的复杂性以及错位的多层次激励阻碍，对次级中间层的需求下降，因此银行开始利用这些层级创建相对复杂的工具，如 ABS、CDO。

危机的开端

2007 年，事实开始显示出这些次级和次优级贷款有毒，从而非银行的次级贷款放贷者在筹集资金方面出现困境，一些贷款者要么破产，要么被大型银行并购。随着投资者逐渐发现结构性投资工具（SIV）的流动性非常差，且由于包含次级抵押贷款而风险增大，这些工具同样面临着为 AB-

CP 融资的困难，而发起银行通常为 SIV 提供信用和流动性支持，因此在 ABCP 融资方面，发起人必须承担其 SIV 的负债。

这段时期出现了投资者恐慌以及对交易对手风险的担忧，随后，美国主要的独立证券公司也无法在买卖和回购市场为其负债融资，交易者主要通过短期批发融资（回购）为抵押贷款支持证券在内的固定收益证券融资，因此，当像货币市场基金突然从证券公司收回短期回购资金时，这些机构面临着严重的融资问题，后来贝尔斯登和雷曼兄弟倒闭，美林证券公司被美国银行收购。

尽管对货币市场基金的投资通常被看作与存款一样安全，但是投资并没有存款保险制度，这些基金对投资者的储蓄可以提供更高的收益，并将其投资于资产支持证券。储备基金是最古老的货币市场基金，当其取消了对雷曼兄弟的负债而使其资产净值低于 1 美元后，投资者开始变得焦虑。在 2007 年 8 月初，法国最大的公开上市银行法国巴黎银行的三支货币市场基金的价值受美国抵押贷款影响大幅下降，此后该银行冻结了 1600 万欧元的资金。美联储被迫向所有货币市场基金提供暂时担保计划，以防止企业商业票据市场受到严重破坏。单一险种保险人及如 AIG 等保险公司同样面临着财务困境，因为他们为资产支持证券和如信用违约互换等高风险信用衍生品提供担保，他们持有的 AAA 级资产被降级，从而他们不得不为现有合同提供大量担保（Acharya 等，2009）。

资产证券化因为其在金融危机中扮演的角色而备受指责。由于投资者的参与度和发行水平还没有得以恢复，2008 年后的资产证券化市场发展缓慢。从需求方面而言，投资者利益因为焦虑情绪和持续增加的监管要求而大幅缩水。例如，大部分的欧洲发行都留在了资产负债表中，并成为回购交易的担保品（见图 4.2），2007 年留存率为 30%，而到 2009 年，这一比率达到 93%，而在 2012 年到 2016 年（第三季度），这一比率又降到了平均 61%。从供给方面而言，发行量因为在增长的资本和风险保留要求方面的严格监管而受到抑制。

百万美元

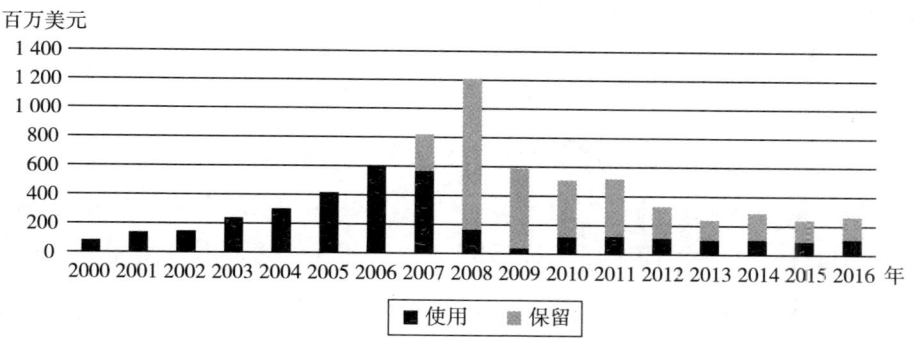

资料来源：作者自行绘制。

数据来源：http://www.sifma.org/research/statistics。

图 4.2　欧洲证券发行量

资产证券化市场监管

政策制定者为应对金融危机采取了紧急救助和一系列监管要求，为解决金融中介链的多处断裂，监管者开始试图调整激励措施并解决现存的结构性缺陷，从而在不同程度上促进资产证券化市场的复兴。美国监管的变动主要源于多德弗兰克法案，一部分源于巴塞尔协议 III 资本要求。简言之，这些监管措施旨在提高披露程度、加强资本要求。欧洲监管提出了与尽职调查要求相似的倡议，欧洲议会和理事会提出简单、透明和标准化（STS）资产证券化倡议作为资本市场联盟（CMU）的行动指南，这解决了金融危机前证券发行的复杂性和不透明问题（Schwarcz，2015）。

尽管资产证券化因金融危机而备受指责，但是监管者仍致力于促进资产证券化市场的发展，以加强风险分散和丰富融资渠道，最终目标在于通过构建不危害金融稳定的健全的金融结构来增强放贷资金的再循环。

披露

在危机前的纪念，资产证券化交易发展得越发复杂和不透明，使得投资者难以进行风险评估，因此多德－弗兰克法案（第 942b 节）要求披露所有 ABS 证券的标的资产，证券交易委员会承担了颁布与该要求相关的条例，如数据披露的程度和标准。STS 提议更像是间接鼓励披露；STS 交易相对复杂交易更适合披露，在此背景下，简单的交易会涉及传统的实际买卖或者标的资产的实际转移，而非进行人为转移或者构建过度复杂的结构。

此外，相关资产池必须是同质的，具有可接受的信用等级以及还未进行证券化，透明化的标签要求发起人/投资者在证券发行及以后向投资者提供负债现金流模型，发起人也必须提供历史贷款的最低水平——静态和动态的——与证券化资产十分相似的金融资产数据。另外，一家独立的外部机构必须核实标的资产相关数据的准确性，标准方面要求货币和利率错配必须进行对冲，必须满足风险保留要求。说明书必须详细阐明对标的资产提供有效的、持续服务的重要相关主体的责任和义务，这些主体一般包括服务商、担保人和其他辅助的服务提供者。

危机前，复杂证券化资产的风险通常是用晦涩难懂的语言在招股说明书上长篇大论，从而复杂证券的披露更像是在方框里打勾，可能根本没有意义，披露对改善复杂证券化的不透明度几乎没有任何效果。因此，尽管实施了披露要求，投资者可能仍委托评级机构进行风险评估，因为经验丰富的投资者也难以理解披露出来的相关信息。就这一点而言，欧洲推动STS 证券化的实施是值得赞赏的，因为这间接促进了披露，且试图简化证券化，鼓励进行基础的证券化。

风险保留

证券化出现前，二级贷款市场进行整个贷款的买卖，因此发起银行卖出整个贷款以移除其资产负债表，这一行为的发展受制于信息不对称产生的不确定性，由于贷款售出后不再成为发起银行的负债，发起银行更愿意出售低质量贷款而保留高质量贷款，因此为了进一步促进贷款买卖，有必要确定致力于保护投资者的合同特征，这也使得贷款购买者难以转手出售这些贷款。在证券化中，发起银行必须保留多层级发行中风险最大也就是会首先遭受损失的部分，以解决发起人（销售方）和最终投资者（购买方）之间的信息不对称问题。

此外，资产支持证券相对整个贷款而言更容易在二级市场上出售，因此证券化资产常常被认为更好，因为具有流动性优势，但是金融危机爆发后，发起银行/发行银行能够对冲或出售这些第一损失层级，这就使得当初预想的联盟机制失灵（Caprio 等，2010）。

根据多德 - 弗兰克法案的第 941 节，发起人或发行人必须保留其发行的金融资产的一部分信用风险，例如，非合格私人住房抵押贷款支持证券的发行需要 5% 的权益保留，并且这些风险保留的最低水平不能进行对冲或转移。相似地，欧盟也要求持有未对冲的证券化经济风险暴露的最低水平为 5% 。尽管在危机前进行的证券化资产中，有一部分的保留权益被对冲或出售，但是特定银行事实上还是保留了这些权益，虽然是被高估了，所以难以清晰地判断出强制的风险保留是否能够实现特定目标，例如，人们认为对复杂证券化的风险保留可能会给予投资者一个错误的信心。

评级机构改革

对于每一份发行的信用评级报告，多德 - 弗兰克法案的第 943 节委任 SEC 制定条款，要求评级机构要向投资者汇报代理、保证以及执行过程以及如何与类似证券进行对比，欧洲还要求评级机构发布其从评级交易中收取的费用收入。这两个措施并不足以解决评级行业中报酬结构相关的利益冲突问题，并且这些措施只关注于对评级的依赖而非增加评级的可靠性。

资本要求

美国已经实施了巴塞尔协议 III 提出的流动性覆盖率（LCR）要求的修正版，即对 ABS 投资赋予一个更高的资本附加费。流动性覆盖率（LCR）要求规定了银行所持高质量资产（HQA）的最小比例，高质量资产是指能够在 30 天压力状况下收回的资产，所持的全部 HQA 应该至少与 30 天压力状况下净现金流出量的 100% 相等，一些 ABS 投资在满足 100% 流动性要求时实施不多于 50% 的权重。欧洲监管者同样采用 LCR 要求，美国的 LCR 版本更加严格，如住宅 MBS 和担保债券等常用工具不属于 HQA 范围。尽管持有 ABS 的资本要求日益提高，STS 证券仍有 25% 的资本附加费减免，以彰显其较低的风险水平。

尽职调查

欧盟临时监管要求机构投资者对资产证券化风险敞口进行尽职调查，这要求投资者在购入证券化资产时需要核实许多信息，以此确保该笔发行的证券已满足风险保留要求，投资者必须确保抵押品标准的安全可靠以及证券结构的稳健性，最后，投资者还需要确认资产证券化是否满足简单、透明和标准原则（Schwarcz，2015）。

欧洲资产担保债券市场：

一个替代品

资产担保债券是以高质量资产为担保池的债务，该债券的投资者在发行人破产时拥有优先索赔权。担保池通常由高质量的抵押贷款或公共债务构成，在过去的十年间，抵押贷款成为担保池的主要成分（见图4.3）。资产担保债券是欧洲表内资产证券化业务的普遍形式，它作为发行被限制用途的资产支持证券的一种替代形式而在美国逐渐发展起来，在美国，资产担保债券发展受限的主要原因在于缺乏相关的监管框架。

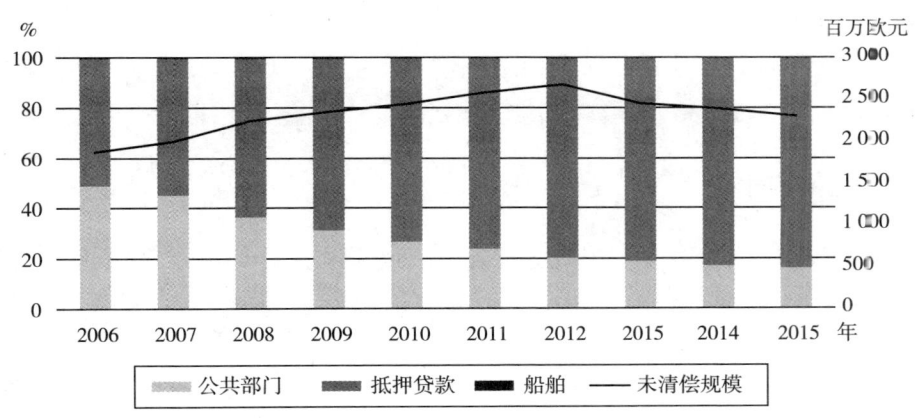

资料来源：《2016 年欧洲资产担保债券市场手册》。

图 4.3　欧洲资产担保债券未清偿金额

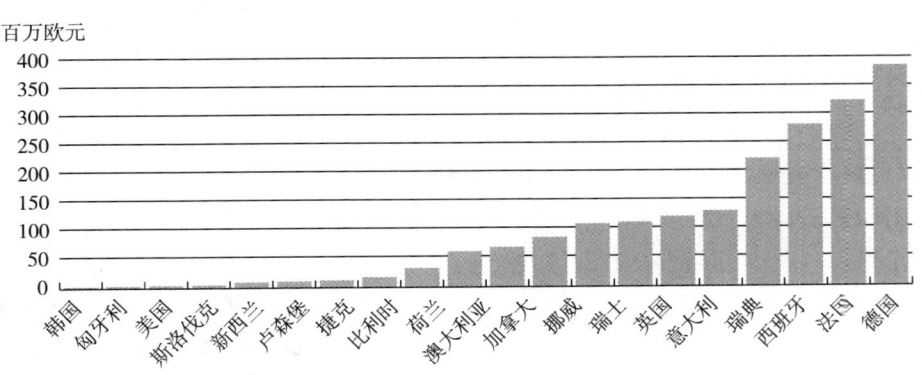

资料来源：《2016 年欧洲资产担保债券市场手册》。

图 4.4　资产担保债券未清偿金额

尽管资产担保债券在美国的发行量非常少，但是许多美国投资者借助于外国发行者发行的以美元计价的债券。资产担保债券在欧洲大陆的流行源于其在资本监管、破产法以及历史悠远方面的优待，资产担保债券起源于 18 世纪的普鲁士，尤其是以抵押贷款为支持的债券，目前，德国是欧洲资产担保债券最大的发行人，其次是法国、西班牙和瑞典（见图 4.4），这些证券也被称为抵押贷款债券、资产担保债券，德国称为 Pfandbriefes，法国称为 obligations foncieres（参照原文第 76 页），西班牙称为 cedulas。

但是，资产担保债券因区域不同而有所差异，ECBC 强调的关键要素包括双重追索权、资产隔离和动态担保池。[7]

双重追索权

资产担保债券提供了两条连续触发的追索链，第一是对发行者，若是发行者/发起人破产时可以对担保资产池进行追索，相对高级的未担保债券，投资者在发行人违约时对担保池有优先追索权。

资产隔离和动态担保池

发行人必须确保担保池与发行人的其他资产相互隔离，担保池必须受到定期监控，从而违约或提前支付抵押贷款能够得以偿还。另外，担保池的价值必须持续超过证券的价值——永久提供超额担保，并且超额担保必须与其他债权人的索赔隔离开来。

资产担保债券的特别立法和监管框架

资产担保债券的发行人以及担保池的管理者要持续接受管理和监督，金融机构（尤其是银行）发行资产担保债券以丰富融资渠道，投资者会在违约时获得担保池和发起人的双重追索权，因此如果发行人破产，投资者也会因为其对债券标的资产拥有优先追索权而可能获得本金和利息的偿付。资产池提供第二层保护——信用增级，所以投资者获得的现金流并不取决于标的资产产生的现金流，从而资产担保债券被列为混合工具。

资产担保债券的评级取决于发行人的信誉以及标的资产的质量，因此该债券的评级一般会高于传统银行债券。与评级过程相关的其他因素包括混合风险评估，以及担保池与其他债权人的索赔的分离程度。一般而言，资产担保债券的评级高于相关发行人的评级，并且该债券的评级在发行人评级有小幅下降时也不会改变。

资产担保债券通常是固定利率债券，拥有子弹型到期日，期限一般为 1 年到 30 年，投资者每月收到利息偿付，在债券到期日或赎回日获得本金偿付。资产担保债券被认为是政府债券的高收益率替代品，而非承担信用风险的工具。资产担保债券一般利用单层结构直接发行，但是在没有特殊立法地区的发行人——如英国、荷兰和美国，一般利用两层（合成）结构发行，这种债券又被称为结构性资产担保债券。资产担保债券发行人在 2006 年增长了 8.5%，而随着资产支持证券面临日益严密的审查，这一数据在 2008 年和 2009 年分别为 13.7% 和 11.9%（见图 4.5）。

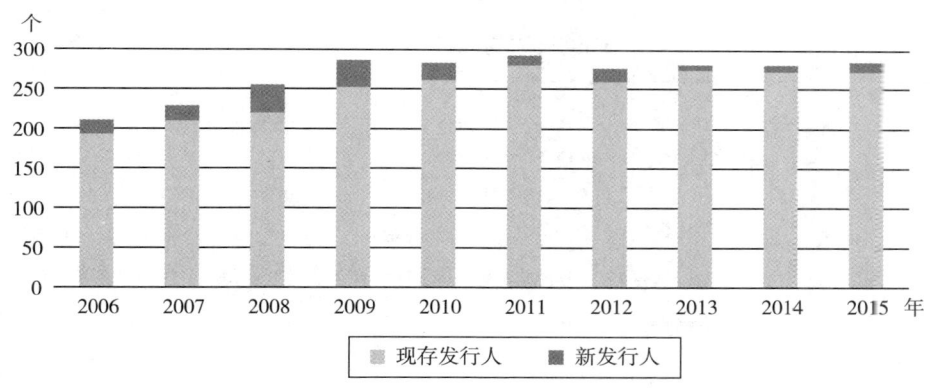

资料来源：《2016 年欧洲资产担保债券市场手册》

图 4.5　欧洲资产担保债券发行人数量

资本要求监管（CRR）实施了巴塞尔协议 III 资本框架规定的相关条例，并对资产担保债券提供了优惠待遇，欧盟"资产担保债券"认可机制中的资产担保债券拥有 10% 的风险权重，而其他资产担保债券则需要 20% 的风险权重。在一些情况下，为了计算流动性覆盖率，资产担保债券还需要满足流动性资产的条件（表 4.1）。

在英国的发展

20 世纪 80 年代前，英国建筑协会是自用住宅抵押贷款的主要发行人，其在抵押贷款市场上几乎不存在竞争对手。然而，在 20 世纪 80 年代，银行业陆续放松管制（消除束缚——在附息合格负债上的限制）使银行能够进入抵押贷款市场，1986 年的建筑协会法案也使建筑协会可以进入原先由银行主导的市场。由于竞争日益增强，抵押贷款利率向批发融资的成本倾斜，随后其成为了 LIBOR 的基准，激烈的竞争还使得其他市场参与者进入抵押贷款市场，这就使得抵押贷款市场对国内外银行以及专业的抵押贷款放贷人越发具有吸引力，专业抵押贷款放贷人出现的原因在于 20 世纪 80 年代抵押贷款利率和 LIBOR 之间的正向差额（Pryke 和 Whitehead，1994）。

表 4.1 ABS 和资产担保债券的区别

方面	资产支持证券	资产担保债券
发行人	表外业务：破产隔离 SPV——区别于发起人，发行人可能保留对资产池的服务，此外，发行人不存在任何与发行有关的持续责任。交易的目的在于尽可能使其与发起人的关联最弱。	表内业务：由一家金融机构发行，通常是一家银行，或者银行集团的一家分支，发行人/发起人必须不断管理资产池的质量和稳定性，以使其满足投资者要求。
追索	只对担保品和信用增级有追索权，超过资本结构承受范围的损失由投资者自行承担。	双重追索：先是发行人/发起人，随后为担保池。
债务结构	一般为提前支付给投资者的转手结构，通常是浮动利率票据，层级顺序遵循支付结构的优先级。	标的资产的现金流不影响对投资者支付的现金流，通常为固定利率，到期日较早的债务会首先收回。
信用风险转移	违约风险在发行时转移给投资者，但是由于现行监管要求，发起人必须持有一定比例的经济风险暴露。	发行人保留违约风险，只有在发行人破产时违约风险才会转移给投资者。

续表

方面	资产支持证券	资产担保债券
资产池的管理	静态：资产池通常是静态的，除了相关文件外对此进行修改。 周转：涵盖资产的合格标准由相关交易文件规定。	担保池是动态的，允许对提前支付或不良资产的替换，最低质量要求由相关条例确定。
信用增级	存在多种信用增级的方式	主要通过超额提供抵押
发行人动机	风险转移，资本宽减	再融资；融资；流动性
对发行人或合格抵押品的法律限制	大多数情况下没有	存在（如果在特殊资产担保债券法律框架下）

资料来源：DBRS，2016。

这些贷款人仅仅依靠批发融资的持续供给来为其抵押贷款融资，与银行不同，中央贷款人属于非存款金融机构，他们不需要分支机构网络，其抵押贷款可以通过房地产商发行，随后通过网络发行。中央放贷在美国抵押贷款十分常见，但是它在英国抵押贷款市场上逐渐发展起来，这些贷款人通过仓单贷款工具融资，主要提供次级抵押贷款，随后又通过脱媒工具进行再融资——发起和分配。这些贷款人的主要目的在于将其抵押贷款投资组合进行发起和证券化，他们的兴起填补了传统建筑协会和银行未涉及的市场空缺（Wainwright，2010）。

1985 年 1 月，英国发行了欧洲第一笔抵押贷款支持证券，这些证券所涉及的抵押贷款是由美国银行发起的，但是由于发行的复杂性以及规模有限（5 000 万英镑），此次发行并不成功。1987 年，一家名为国家住房贷款企业的专业贷款人发行了第二笔纯英镑的抵押贷款支持证券，随后市场上又有 7 笔证券发行，总额超过 9 亿英镑，且均由中央贷款人发起。信用增级的普遍形式包括次级、超额利差、准备金和第三方担保，重要的投资者包括建筑协会、银行以及欧洲、亚洲和中东地区的其他金融机构。

整个 20 世纪 80 年代，以美国为主的中央贷款人是 MBS 的主要发行人。因为股份制改革，许多建筑协会转化成银行，但是由于其有限的分支网络，他们为维持其利润率面临诸多挑战，主要原因在于他们不得不与银行竞争以扩大贷款和储蓄规模，因此股份制银行利用资产证券化作为其融资的可选渠道。

到 1991 年，由于经济衰退，英国抵押贷款市场出现停滞，较高的失业率导致大规模违约和丧失抵押品赎回权，许多资产池担保人还遭受了商业房地产方面的损失，从而他们担保的相关 MBS 也被降级以反映担保人的赔付能力，所以即便没有出现违约事件，投资者信心也开始降低（Stone 和 Zissu，2000）。1992 年的发行总量达到 13.8 亿美元，较前一年下降了 76%（见图 4.6）。

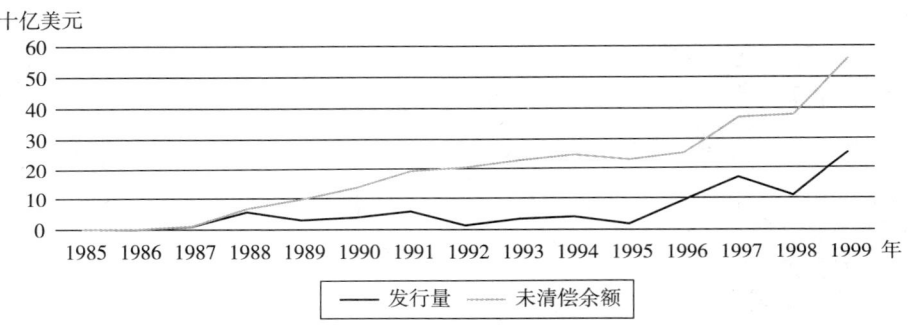

资料来源：作者自行绘制。

数据来源：http://www.sifma.org/research/statistics。

图 4.6　英国资产证券化发行量（1985—1999 年）

中央贷款人在 20 世纪 90 年代重回市场，尽管资产证券化是其主要的融资来源，但是商业街的优质贷款人仍是 21 世纪资产证券化市场的主要参与者。然而，由于资产证券化相对较高的成本，它并不是优质抵押贷款的重要融资渠道，此时的银行资本相对充足，因而其进行资产证券化最可能的动机在于开发其他可选择的融资渠道，工具和投资者的多样性使这种融资工具对银行更具吸引力。大多数发起人尤其是新进入者也会因获取利益而进入该市场，这些机构想要在他们面对如零售存款收缩等限制时可以利用现有条件加强其进行证券化的能力，他们还希望在证券化市场可以建立良好的声誉，从而使其融资成本最小。更重要的目还包括，当市场遭受任何动荡时，衰退不会像20世纪90年代那样严重。在抵押贷款放贷方面，贷款人类型的丰富、创新的推动以及竞争的增强都需要一个成本节约型融资工具，从而推动了21世纪资产证券化的发展，在2000年到2005年间，全部发行量（未清偿余额）增长了近560%（632%）（见图4.7），但是市场增长还是由于一些结构性因素而受限，如浮动利率抵押贷款的主导。

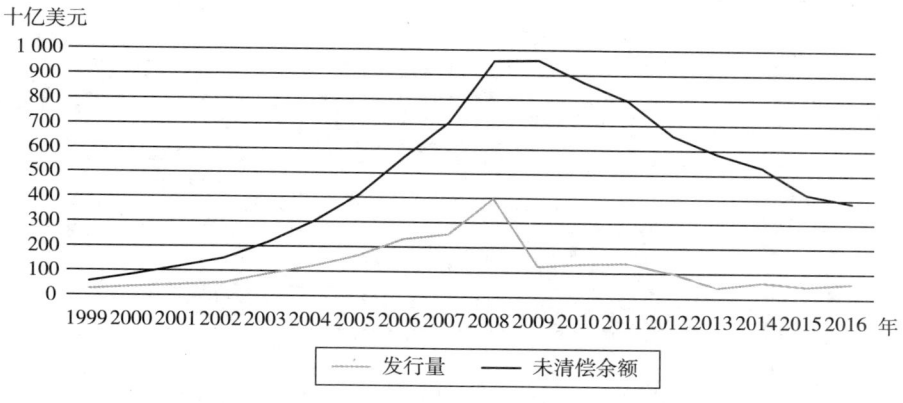

资料来源：作者自行绘制。

数据来源：http：//www.sifma.org/research/statistics。

图 4. 7　英国资产证券化发行量（1999—2016 年）

美国市场 VS 欧洲市场

资产证券化通过吸引全球担保人和对冲基金等投资者而在全球范围内分散了风险，因而资产证券化跨越了地理边界，成为一个全球现象。欧洲银行及其分支机构持有相当大比例的由美国发起的资产（Franke 和 Krahnen，2008），但是欧洲银行以往更喜欢发行资产担保债券，因为在 2009 年，资产担保债券的年发行量仅仅下降了 19%，而当年资产证券化发行量下降了 51%，因此 BoE 和 ECB（2014）Pengelly（2012）认为这可能引发了危机后 ABS 发行的下降，图 4.8 也展现出了相似的结论，它显示出在 2010 年到 2012 年资产担保债券发行量的增长超过了资产证券化的发行。

资产证券化市场因 1999 年欧元的加入而加速发展，其在 2002 年到 2008 年间发展势头十分迅猛，MBS（ABS）发行量的平均年增长率为 49%（32%），其快速发展的原因部分源于全球趋势、欧洲金融系统一体化建设以及向市场主导型体系的转变（Acharya 等 2013）。

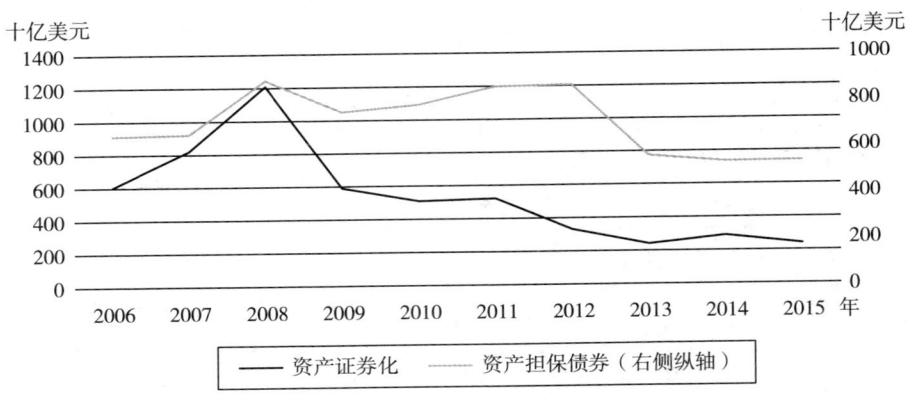

资料来源：作者自行绘制。

数据来源：http：//www.sifma.org/research/statistics，《2016 年欧洲资产担保债券市场手册》。

图 4.8　资产担保债券及证券发行量—欧洲

尽管如此，欧洲资产证券化的发展也与美国证券化市场的发展截然不同，原因有以下几点：第一，资产证券化是资本密集型产品，且成本相对较高；欧洲委员会直接在抵押贷款支持证券的监管框架中规定了相对限制性的 50% 风险权重（欧洲委员会 1999）。第二，某些欧洲银行更愿意发行资产担保债券而非抵押贷款支持证券的主要原因在于资本要求以及前者拥有的融资优势。第三，欧洲共同体条约的第 92 条和第 93 条限制了政府支持型机构的组建，因为其可能会造成不公平的竞争环境。第四，由于欧洲缺乏连续性的相关数据，证券定价十分困难。第五，相对美国市场，欧洲资产证券化市场缺乏产品的同质性，一些产品尤其是浮动利率抵押贷款存在错配问题，这就使其难以进行证券化（Coles 和 Hardt，2000）。

如图 4.9 所示，美国资产证券化市场在 2003 年到 2007 年的增长率大致在 8% 到 18%，而最终在 2008 年戛然而止，增长率为 0。美国 MBS 的未清偿存量从 2002 年的 52 900 亿美元（9 050 亿美元）迅速增加到 2008 年底的 94 600 亿美元（18 200 亿美元），而欧洲市场是从 2 299.4 亿美元（1 896.6 亿美元）增加到 20 200 亿美元（9 310.8 亿美元），在 2007 年到 2008 年，未清偿规模达到 110 000 亿美元的最高峰，而欧洲是在 2009 年底达到 31 000 亿美元的高峰。

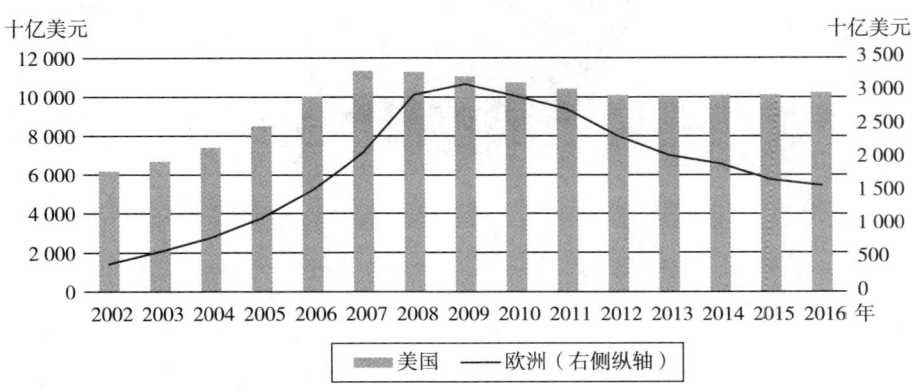

资料来源：作者自行绘制。

数据来源：http://www.sifma.org/research/statistics。

图 4.9　欧洲和美国资产证券化未清偿规模

截至 2016 年底，欧洲未清偿规模达到 16 000 亿美元，下降了 49%，这大约是美国市场未清偿存量（102 000 亿美元）的 15%。根据图 4.10 展示的资产证券化工具结构占比，居民住房抵押贷款成为主要的资产类型，CDO 和 SME 贷款分别占了 10%。截至 2016 年底，美国抵押贷款支持证券（ABS）未清偿余额达到 89 200 亿美元（13 200 亿美元），而欧洲 MBS（ABS）的这一数据为 9 962.6 亿美元（5 991.9 亿美元），未清偿规模下滑最严重的城市为英国、荷兰、西班牙和意大利（见图 4.11）。

根据图 4.12 所示，欧洲平均发行量被抑制了，其从 2008 年的 12 000 亿美元高峰下降到 2016 年底的仅仅 2 628.7 亿美元，而此时美国的总发行量为 21 200 亿美元（2008，17 000 亿美元）。此外，欧洲总发行量如今由欧洲中央银行的流动性计划所推动，在该计划中，ABS 被当作回购操作的抵押品。在 2007 年前，所有证券发行都能成功地转移到最终投资者手中，

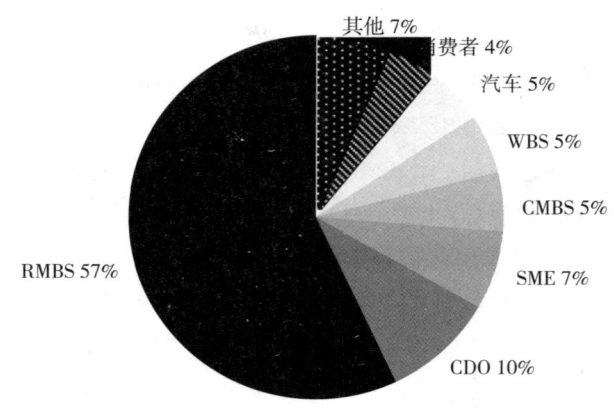

资料来源：作者自行绘制。

数据来源：http：//www. sifma. org/research/statistics。

图 4.10　欧洲资产证券化抵押品的未清偿规模

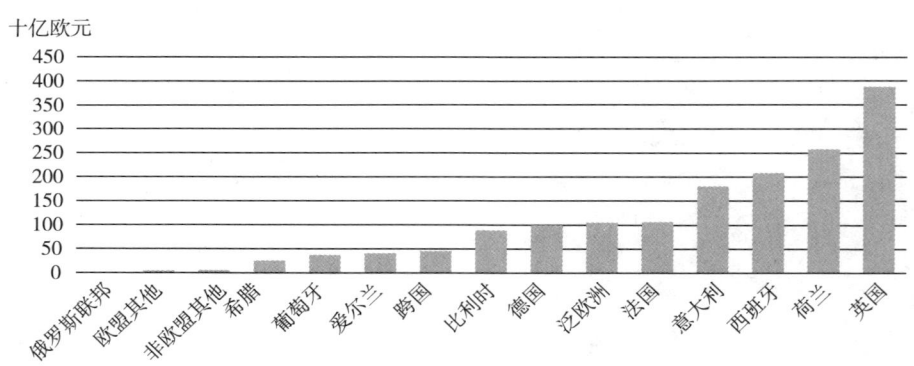

资料来源：作者自行绘制。

数据来源：http：//www. sifma. org/research/statistics。

图 4.11　2016 年各国资产证券化抵押品的未清偿规模

但是到 2009 年，公共发行大幅下降，发行总量中仅有 6% 成功发行，从而留存的证券发行占总发行量的比例从 2007 年的 31% 上涨到 2009 年的 94%，在 2010 年到 2016 年，这一占比平均为 66%，出现这一现象的原因在于投资者信心的丧失（Fender 和 Mitchell，2009），但是 2016 年的成功发行量比 2015 年提高了 16%。

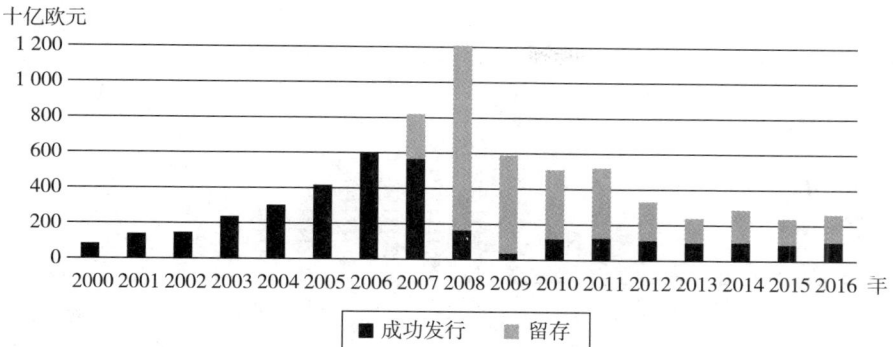

十亿欧元

成功发行　　留存

资料来源：作者自行绘制。

数据来源：http：//www.sifma.org/research/statistics。

图 4.12　欧洲发行量

如图 4.13 所示，自 2008 年，有担保的机构发行量占美国发行总量的比重不超过 70%，具体而言，在 2008 年到 2014 年的平均比重为 72%。在美国发行总量中占主导地位的是机构 MBS，美国较高的机构 MBS 发行量表明了美国和欧洲在 MBS 发行规模的巨大差异，这些证券均以由 GSE 担保的合格贷款作为支持，从而使得投资者的信用风险最小化。2016 年第三季度，美国的非机构发行总量达到 3 682.8 亿美元，欧洲的这一数据为 2 628.7 亿美元（见图 4.13 和图 4.14）。图 4.15 展示出了欧洲发行总量和未清偿存量的最大贡献者是英国、荷兰、西班牙和意大利。

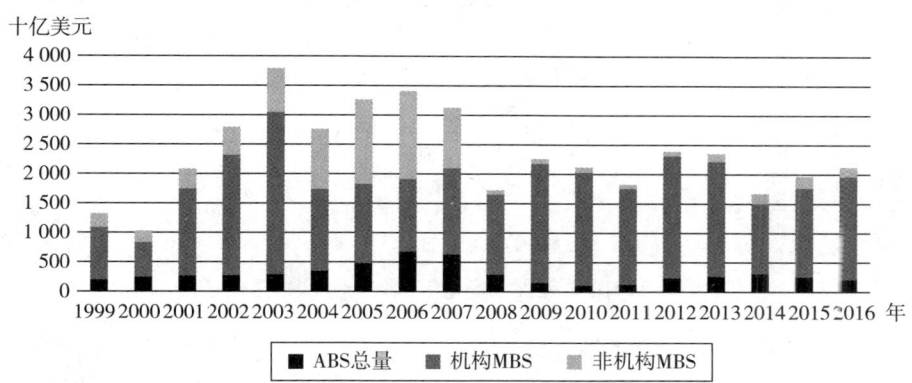

十亿美元

ABS总量　　机构MBS　　非机构MBS

资料来源：作者自行绘制。

数据来源：http：//www.sifma.org/research/statistics。

图 4.13　美国发行量

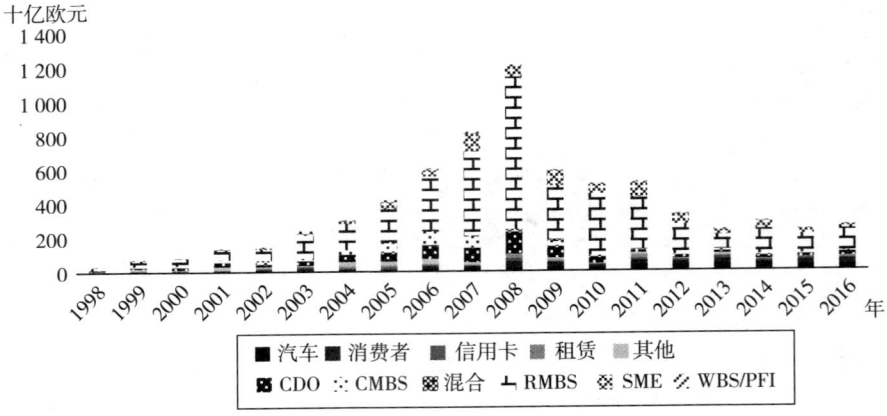

资料来源：作者自行绘制。

数据来源：http：//www. sifma. org/research/statistics

图 4. 14   不同抵押品类型的欧洲发行量

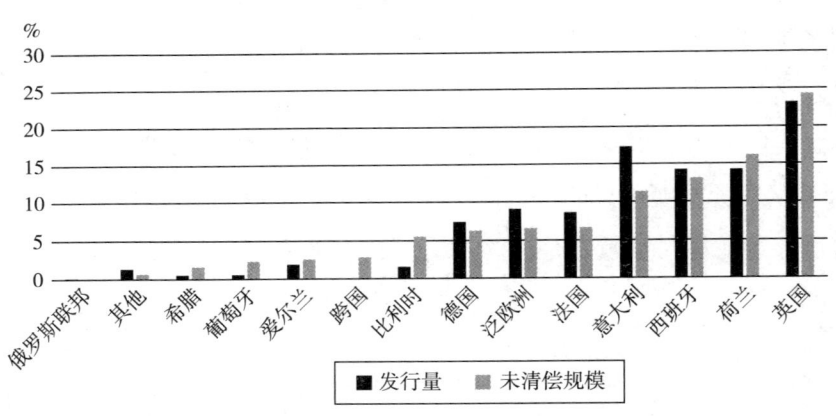

资料来源：作者自行绘制。

数据来源：http：//www. sifma. org/research/statistics。

图 4. 15   2016 年欧洲不同地区的发行量和未清偿规模

美国和欧洲发行模式的不同取决于多种因素。相较大多数欧洲银行采用的 IFRS 准则，美国的 GAAP 准许将如用于获得监管资本宽减的杠杆 CLO、SIV 等许多结构性金融交易列入表外业务，这可能就激励美国银行进行更多的证券化交易，从而加剧了美国和欧洲发行量的差距。与美国不同，欧洲的资产担保债券市场十分活跃，从而可能抵消了 ABS 发行量的下滑。与资产证券化相似，资产担保债券也是以资产池为支持，不同的是当抵押资产价值下降时，最终投资者拥有对资产和发行银行的双重追索权，因为这笔交易没有发生实际的买卖。由于资产担保债券相较资产证券化面临更宽松的监管环境，银行可能更愿意对资产担保债券投资（Bo三 和 ECB，2014）。

如图 4.16 所示，尽管在 2016 年欧洲的证券未清偿规模低于美国，但是其总额的 62% 都是 A/A 评级，评级在 Caa/CCC 及其以下的仅占 0.98%，而在美国，41% 的现存证券的评级在 A/A 及其以上，评级在 Caa/CCC 及其以下的占 23.70%。因此，Blommestein 等人（2011）认为与美国银行系统相较，欧洲系统具有更加强硬的监管和更有效的担保标准，作者进一步说明了风险在整个市场上都出现了价格的错误，然而显而易见，与流动性风险不同，信用风险需要相对精确的定价，在 2007 年到 2010 年欧洲抵押贷款证券的违约率仅为 0.95%，这与 7.71% 的美国抵押贷款证券违约率和 6.34% 的全球企业债券违约形成鲜明的对比。

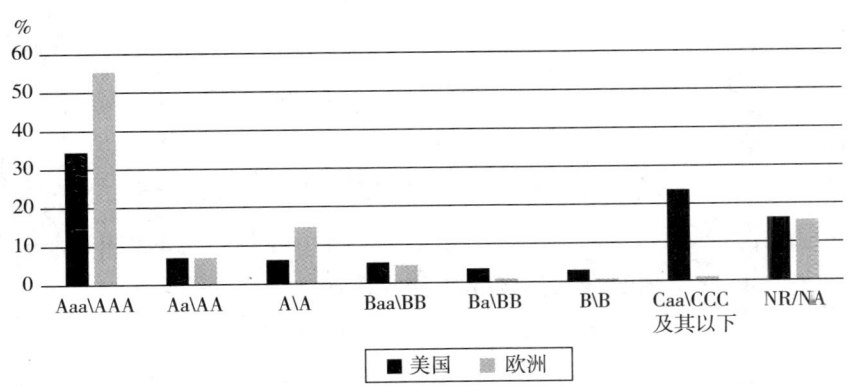

资料来源：作者自行绘制。

数据来源：http://www.sifma.org/research/statistics。

图 4.16　不同评级的资产证券化未清偿规模

结论

本章从历史角度和区域角度阐述了资产证券化市场的发展，资产证券化市场的起源可以追溯到 1970 年的美国市场，尤其是房地美和房利美的成立。1980 年的储贷危机成为第一笔 CMBS 发行的契机，私有企业在 20 世纪 70 年代进入资产证券化市场，增加了市场供给。巴塞尔协议 I 有关资产证券化监管框架的缺陷对该市场的发展产生了影响，市场在危机前时期迅猛发展，其间证券担保标准有所下降，在危机期间，市场监管为了应对资产证券化市场的多方面衰落而有了较大变动。本章还展现了欧洲资产担保债券市场的特性，并对美国市场和欧洲市场如今的发展进行了对比。

注释

1. http：//www. fhfaoig/gov/LearnMore/History。

2. 联邦住宅管理局（FHA）、美国住房和城市发展部（HUD）、公共和印度住房局（PIH）、美国退伍军人事务部（VA）的退伍军人住房贷款计划、美国农业部（USDA）的乡村房屋建设、社区设施计划以及乡村发展保障住房计划（RD）。

3. 不满足 GSE 所制定的原则的抵押贷款称为非合格贷款。

4. 次优级抵押贷款几乎不/不需要收入或资产的相关证明，A－级借款人存在不良记录，但是其信用还是优于次级借款人。

5. 机构 MBS 不受此要求的限制，因为 GSE 能够有效保留 100% 的信用风险。

6. 这些资产能够轻易且快速地进行清算，并且能够保证价值损失最小化。

7. 这些特征在欧洲议会研究简报中有所呈现，网址为：http：//www. europarl. europa. eu/RegData/etudes/BRIE/2015/545713/EPRS_BRI（2015）545713_REVI_EN. pdf。

第 5 章

资产证券化对银行业及金融系统的影响

介绍

在过去，银行始终扮演着借款者与储蓄者之间的金融中介的角色，资产证券化的出现极大改变了银行的这一传统属性。在传统银行借贷模型中，银行会将贷款发放给信用等级良好的借款人，并且持续监控借款者直到贷款到期。在传统的"持有"模型中，银行主要通过分散投资降低非系统性风险，并执行着对了解较少的投资者授权监督的职能（Diamond，1984；Ramakrishnan 和 Thakor，1984；Bhattacharya 和 Chiesa，1995；Holmstrom 和 Tirole，1997）。相反，资产证券化允许银行转移流动性较差的贷款，将其信用敞口出售给第三方，从而获得新的资金以增加未来的放款，这一模型称为"贷款证券化"模式。

银行从传统的借贷者到贷款发起者以及/或分销者的转变对自身的职能和行为产生着重大影响。对于银行而言，资产证券化提供了一种融资渠道，提高了自身的流动性和盈利能力。对于借款者而言，它降低了借款成本。然而，对资产证券化持有怀疑态度的观点认为它降低了银行审查和监督动机，使其保留高风险的贷款并增加对风险的偏好。

资产证券化还影响了金融系统。资产证券化的风险分散功能应该使得金融系统更加稳定、更具有弹性，但是由于资产证券化可能造成信用风险会被转移到控制风险能力较弱的市场参与者中，它也对金融稳定具有一定的威胁，并使得金融系统更加脆弱。

在本章，我们将会通过分析现存的文献探究这些问题。首先，我们会从银行的角度回顾其资产证券化的动机，并探究资产证券化如何对整个金融系统产生有利影响。其次，我们探讨资产证券化如何以及为何会增加银行风险。最后，我们站在系统层面阐述资产证券化如何可能导致金融的不稳定。

是什么驱使银行进行资产证券化？

资产证券化的经济合理性在于其显而易见的收益。银行对贷款进行资产证券化存在五种主要动机，分别是降低融资成本、管控信用风险、进行监管资本套利、增加流动性以及提高获利能力。

融资成本

资产证券化可以将长期资产转化为现金，金融主体发起资产证券化的主要动机之一就是丰富融资渠道以及扩大流动性（Cardone – Riportella 等，2010）。资产证券化还缓解了对单一或较少融资渠道的过度依赖，尤其是在市场缺乏流动性的时期（Choudhry 等，2014）。例如，与存款需求不同，资产证券化作为一种融资渠道规避了存款保险和准备金要求（Affinito 和 Tagliaferri，2010）。由于出售贷款所获得的资金不受存款保险制度、准备金或资本要求的管制，银行通过买卖贷款能够以低于存款、债券以及股权的成本增加对其贷款资产组合的融资（Benveniste 和 Berger，1987；Pennacchi，1988）。因此，由于进行资产证券化的银行所持有的资本只需要达到资产证券化残值的一定比例，银行会改变自身资本结构以使其总资本成本最小化，释放出的资本会用于开展其他业务。总之，资产证券化对银行而言是降低融资成本的有效手段（Jones，2000）。

紧缩性货币政策可能会限制放贷资金的供给，从而银行可能还会通过资产证券化应对由于紧缩货币政策引起的存款成本的持续上升（Loutskina 和 Strahan，2009）。此外，ABS 的发行成本低于债券发行成本，这是由于相较于债券直接由资金需求者发行，ABS 拥有信用增级的作用，从而通常有优于债券的评级（Choudhry 等，2014）。资产证券化的优势可能还有增加收入以缓解投资不足问题，尤其是当其用于解决已存在的债务时（Lockwood 等，1996）。

风险管控

资产证券化可用于以公允价值降低资本市场风险（Hansel 和 Bannier，2008；Jobst，2006；Martin – Oliver 和 Saurina，2007）。理论上，当银行认为承担与贷款相关的风险所获得的收益低于出售贷款时，银行就会将贷款进行证券化（Parlour 和 Plantin，2008）。在资产负债表中存在风险资产的银行可能会将更多的贷款证券化，通过将这些风险资产丢到资本市场来降低银行自身的风险敞口。因此，由于 ABS 评级通常高于——并且并不依赖于——发行主体的信用等级，资产证券化允许拥有较高风险的银行更易进入资本市场（Choudhry 等，2014）。所以，资产证券化提供了降低风险的可行途径，尤其是对那些拥有较高困境成本的高风险银行而言。实证研究表明通过出售贷款，银行能够提升其管控信用风险的能力（Cebenoyan 和 Strahan，2004），并且银行还能通过资产证券化将破产风险降到最低（Jiangli 等，2007）。

监管资本套利

银行经常通过资产证券化降低与贷款登记簿相关的监管资本费用，从而降低其融资总成本（Watson 和 Carter，2006），他们通过"监管资本套利"规避最低资本要求（Pennacchi，1998；Jones，2000；Ambrose 等，2005；Calomiris 和 Mason，2004；Uzun 和 Webb，2007）。进行资产证券化的银行主要通过保留第一损失或者规定非契约性信用额度来获取潜在收益，以此规避监管资本要求，其原理在于通过人为地降低资本充足率的分母——风险权重资产，从而在没有降低经济风险敞口的前提下增加了监管资本比率（Jones，2000）。

在巴塞尔协议 I 这一监管机制对风险还未十分敏感时，监管资本套利就已经十分猖獗（Cardone – Riportella 等，2010）。具体而言，在巴塞尔协议 I 下，资本要求并不随着一项资产的特殊风险而改变，这就导致持有低风险资产的代价实际上更加昂贵，从而银行会将质量较高的资产进行证券化而保留风险较高的资产。然而，监管者发出抗议，他们认为通过监管套利，资产证券化在没有降低经济风险敞口的情况下增加了监管资本率（Dionne 和 Harchaoui，2008）。

Calomiris 和 Mason（2004）认为监管资本套利持续存在，他们指出银行通过资产证券化手段能够对照资本监管要求确定出与市场风险相匹配的最优资本率，并且能够解决信息不对称问题。然而，Hansel 和 Bannier（2008）通过分析欧洲的数据，发现在进行资产证券化的银行中并没有许多监管资本套利的迹象，他们强调贷款证券化主要是具有高风险、低流动性的银行的一个融资手段。

Affinito 和 Tagliaferri（2010）通过分析意大利银行得出了相似的结论，而 Cardone – Riportella 等（2010）在研究西班牙银行时并没有发现任何有关信用风险转移和监管资本套利的信息，西班牙银行进行资产证券化仅仅是为了满足其融资和流动性需求（Martin – Oliver 和 Saurina，2007）。对于意大利银行，Agostino 和 Mazzuca（2011）认为这些银行利用资产证券化只是为了丰富其融资渠道，因此缓解资本压力假说并不成立。

巴塞尔协议进行了修订（巴塞尔协议 II）以解决资本框架的不足，但是巴塞尔协议 I 机制下的资本套利可能成为资产证券化早些年快速增长的主要动因（Minton 等，2004），这一动因延续到了巴塞尔协议 II 时期，而由于金融创新通常早于金融监管，它可能还会在巴塞尔协议 III 时期依旧盛行（Berg 等，2011）。

流动性

资产证券化目的是提高银行的流动性，非流动资产最终都会转化为流动性最高的资产——现金，因此资产证券化是除存款、债券或股权外另一种融资方式。作为其他融资渠道，资产证券化降低了信贷供给对外部融资成本的变动的敏感性（Shin，2009；Loutskina，2011）。从 2004 年到 2007年，资产证券化改变了银行的融资方式，促进了信贷定价，缓解了放贷限制并且增加了信贷供给（Shivdasani 和 Wang，2011）。相关地，在美国，信贷衍生品使用率的提高同样推动了信贷供给的增长，尤其是对于大型企业借款而言。（Hirtle，2009）。

盈利性

资产证券化可能会提高银行的盈利性。理论上，在存在信息不对称的情况下，捆绑贷款以及在不同金融债权中分摊合并的现金流能够提高发行者的预期收益（Boot 和 Thakor，1993）。Martinez – Solano 等人（2009）对这些原理进行了详述，他们发现资产证券化对银行盈利能力的影响主要通过两个方式——资产的减少以及收益的再投资。首先，就如实际出售合并资产需要将发起人与投资者的债权分离一样，发起人会为了收取费用继续扮演监督者的角色，这在本质上等同于将基于资产的利息收入转化为了基于费用的收入，这一机制降低了资产基数而使得资产收益增加，同时增加了费用收入。其次，在资本水平一定的情况下，如果将资产证券化带来的现金流入进行再投资，那么这些现金流入就会产生更多的"新"贷款。为了实现收益最大化且最大可能性地规避潜在监管，银行设计并利用资产证券化流水线结构以实现对已有资产或新资产系统化的资产证券化（Wolfe，2000），在股东权益一定的情况下这样做会增加收益。实证研究发现美国银行在 2001 年到 2007 年通过资产证券化确实增加了盈利（Jiangli 和 Pritsker，2008）。相反，也有研究显示信贷资产证券化对欧洲银行的盈利能力产生了负面影响，但却对其收益的波动性产生了积极的影响（Michalak 和 Uhde，2012）。

资产证券化对整个金融系统的益处

在 2007 年到 2009 年的国际金融危机爆发前，对资产证券化的普遍观点都集中在其通过支持金融一体化以及投资者多样化以促进金融稳定的积极作用上，资产证券化能够强化风险分摊以及风险管控，那些致力于维护金融稳定的政策制定者同样这样认为（案例详见 Greenspan，2005）。

资产证券化应该使得金融系统更加稳定，人们认为资产证券化能够促使银行更好地管理和分散信贷风险、增强金融系统的弹性并且提高金融稳定性。例如，Cebenoyan 和 Strahan（2004）发现美国商业银行通过买卖信贷提高了自身管控信贷风险的能力，同时提高了盈利率，他们发现当银行规模、杠杆水平和贷款规模一定时，在信贷买卖市场活跃的银行往往风险较低。而且，许多投资者需承担的信贷风险被分散到了整个市场上（Duffie，2008），这增加了金融系统的多元化。

资产证券化增加了企业和一级市场上的其他借款者能够以更低的成本获得融资的可能性，从而影响了银行的资产负债表。许多研究发现资产证券化对可贷资金具有积极、直接的影响，其对企业和借款者都有所裨益。Cebenoyan 和 Strahan（2004）证明了贷款买卖在没有降低银行系统风险的前提下增加了信贷投放。Loutskina 和 Strahan（2009）以及 Loutskina（2011）通过观察 2007 年到 2009 年金融危机爆发前的美国 MBS 市场，发现资产证券化为银行的资产负债表提供了流动性，增强了银行的放贷能力，并且降低了其放贷行为对资金成本冲击的敏感性。Altunbas 等人（2009）通过分析欧洲数据，发现从 1999 年到 2005 年，资产证券化增加了银行的贷款水平。对国际市场的相关分析也得出了相似的结论（详见 Goderis 等，2007）。

资产证券化对银行放贷行为的积极作用可能进一步降低了借款人的融资成本，从这个角度而言，Parlour 和 Plantin（2008）认为一个流动的贷款二级市场能够消除利率中的流动性溢价，从而可以降低债务成本，实证分析支持了这一结论。Nadauld 和 Weisbach（2012）以及 Ambrose 等人（2002）发现资产证券化使得美国市场的资本成本下降，他们都写道进行证券化的资产的价差低于那些没有进行证券化的相似资产的价差。同样的，Kamstra 等人（2014）发现放贷者为了能够再次出售贷款而进行价格让步，这揭露了事前转售贷款的可能性和初始贷款价差之间存在较强的互补关系，他们推断银行贷款的出售对发行人的债务具有显而易见的益处。

资产证券化和银行业风险

银行业面临诸多风险，主要风险包括信用风险、市场风险和操作风险，其中信用风险是银行整体风险的重中之重（Krahnen 和 Wilde，2008）。因此，银行逐渐开始利用如资产证券化之类的信用风险转移手段，将风险转移给能够更好管控这些风险的对冲基金或其他机构投资者（Buchanan，2014）。从传统借贷者到发行者以及/或贷款销售者的角色转变对银行行为也产生了重大影响，特别地，这一转变可能引发更大的风险，并且增加银行忽视 ABS 投资者利益而做出的投机行为。

下面我们将从四个主要方面阐述资产证券化如何扭曲了银行的借贷行为，文章指出资产证券化可能放松放贷标准、弱化贷后监管、增加银行的风险偏好以及带来更多高风险的投资组合。

放松放贷标准

Purnanandam（2011）认为在金融危机前，非常活跃于资产证券化市场的银行会出售低质量的贷款，使其在随后的时期内拥有非常高的违约率，这表明随着最终的风险承担者与贷款发起者之间距离的疏远，银行的审查和监督动机越来越弱，这一趋势在资本吃紧的银行以及并不过分依赖储蓄的银行尤为显著。同样地，Keys 等人（2010）以及 Dell'Ariccia 等人（2012）发现美国银行将其质量最差的抵押贷款进行了资产证券化。与此相反，Albertazzi 等人（2015）发现意大利银行保留了高质量的资产证券化交易中的绝大多数风险，并且由于银行自身声誉问题，未进行资产证券化的贷款相较于资产证券化资产可能更具风险。同样，Kara 等人（2017）认为从发行角度而言，欧洲银行不会选择信贷质量较低的贷款进行证券化。

弱化监管动机

银行在审查和监督借款者中发挥着至关重要的作用，从而缓解了放贷者与借款者之间的道德风险。然而，资产证券化或者是出售贷款减弱了银行贷后监管的动机，这一观点认为通过增加贷款发起人与贷款违约风险的最终承担者之间的距离，资产证券化能够弱化银行的监管动机（Petersen和 Rajan，2012），特别是涉及对借款者的监管，而借款者的负债正是构成了 ABS 的基础——出售给其他投资者，并且不再出现在银行资产负债表中，久而久之，进行资产证券化的贷款会相较于未进行资产证券化的贷款表现更差。一些涉及贷款出售以及资产证券化会弱化监管动机的研究（Gorton 和 Pennacchi，1995；Duffee 和 Zhou，2001；Morrison，2005；Chiesa，2008；Kamstra 等，2014；Wang 和 Xia，2015；Kara 等，2017）发现进行资产证券化后，这些贷款的借款者的信贷质量不及银行所持有的贷款，实证表明较差的质量与银行弱化的监管息息相关。

传统上，保留与贷款相关的风险会激励银行采取有效的审查和监督措施。如果这些贷款进行了资产证券化且没有追索权，那么银行不再承担提供有效的信贷评估和监管的责任，因为这些会产生高昂的费用且不会给银行带来任何的经济利益。因此，没有追索权的资产证券化抑制了银行进行监管的动机，银行出售了贷款从而不承担任何违约风险（Gorton 和 Pennacchi，1995）。所以，为了让投资者相信银行会承担监管职责，银行会保留资产证券化的剩余价值，保留这一风险敞口的经济原理就是缓解柠檬问题并且向投资者传递关于标的资产质量的信息（DeMarzo，2005；Gorton 和 Pennacchi，1995；Plantin，2004）。

增加风险偏好

资产证券化带来的另一个问题就是银行可能更加偏向承担风险，由于增加了信贷风险转移的可能性，资产证券化会增加银行的风险偏好（Calem 和 LaCour - Little，2004；Ambrose 等人，2005；Brunnermeier 和 Sannikov，2014）。一般而言，银行会因为能够利用相关的风险管控工具而采取激进的行为（Instefjord，2005）。例如，银行在首次发行 CLO 后会增加其贷款资产比（Goderis 等，2007）。此外，资产证券化能够提高银行资产的流动性，使得银行更愿意承担新的风险，这会增加银行的不稳定性以及对银行破产的外部性（Wagner，2007），主要原因在于对银行而言，资产证券化使得危机的代价不再如此高昂，因此银行更愿意承担新的风险以抵消资产证券化对银行稳定性产生的直接影响。

在欧洲，CDO 市场提高了银行的风险偏好，信用风险资产证券化易于增加发起银行的系统性风险（Franke 和 Krahnen，2005；Haensel 和 Krahnen，2007），从而对银行的财务稳健产生不利影响（Michalak 和 Uhde，2012）。同样，Cebenoyan 和 Strahan（2004）以及 Uzun 和 Webb（2007）也发现相较于其他银行，活跃于资产证券化市场的银行会发起更多有风险的贷款。Casu 等人（2013）通过分析 2001 年到 2008 年危机前美国商业银行的数据，指出进行资产证券化的银行更愿意持有大额的、较为单一的贷款组合，其流动性较差，拥有较少的资本，这些都是一个"风险"银行的特征。然而，他们认为资产证券化对发起银行的风险承担行为以及对银行体系的稳定性的影响都不确定。

持有高风险贷款

银行可能将其更好的贷款进行资产证券化，而保留更具风险的贷款，这使得这些银行的投资组合更脆弱、更易受到经济下滑的影响。通过持有高风险的贷款，银行在存在信息不对称的情况下向市场传递有关证券化资产质量的相关信息（Greenbaum 和 Thakor，1987；DeMarzo，2005；Instefjord，2005），因此持有高风险贷款和保持 ABS 层级可能是必要的。高质量贷款所需要的审查和监督是最少的，所以投资者对这类贷款所要求的信用风险违约保证金较少（Gorton 和 Pennacchi，1995）。Plantin（2004）和 DeMarzo（2005）发现保留首先受到亏损的风险会使得发起银行与优先层的购买者利益勾连。

然而，保留首先受到亏损的风险会增加银行资产负债表的信用风险，此外，由于转移了较低风险的资产，在一定资本水平下，银行投资组合的风险也会提高（Calem 和 LaCour – Little，2004）。

正如之前提到的，危机前较高的资本标准也是银行持有高风险贷款的原因之一，它激励银行不断增加证券化资产以实现资本宽减。通过资产证券化，银行可以在不降低经济风险敞口的情况下提高资本充足率。还值得注意的是，如前文所言，资产证券化市场的监管在后危机时期趋严，从而降低了银行进行此类套利的可能。

现实数据支持了这些观点。相较银行资产负债表里的那些贷款，进行了证券化的贷款拥有较低的违约率（Ambrose 等，2005），并且其放贷标准并不低于银行所持有的贷款（Albertazzi，等 2015）。Ambrose 等人（2005）分析了美国的 MBS，发现与银行资产负债表上存在的贷款相比，银行进行证券化的贷款的收益率差价降低了 23 个百分点，他们还发现证券化的贷款相较银行其他投资组合拥有较低的事后违约率。

如前文所言，监管也可能是银行持有高风险贷款的原因之一。在 2007 年到 2009 年国际金融危机爆发前（巴塞尔协议 I 和随后的巴塞尔协议 II），监管办法推动了资产证券化的发展，因为资产证券化能够使机构在很少或者不降低相当的总体经济风险的情况下减少监管资本的持有量。

在资产证券化市场中，保持长期的声誉资本也可能促使银行出售较高质量的贷款（Albertazzi 等，2015），这将会在第 6 章进行详细的介绍。

资产证券化和金融稳定

如前文所言，资产证券化对银行的放贷行为会产生消极影响，实证分析表明进行资产证券化的银行确实具有更高风险（Affinito 和 Tagliaferri，2010；Dionne 和 Harchaoui，2008；Gorton 和 Souleles，2007；Hansel 和 Bannier，2008；Loutskina 和 Strahan，2009）。资产证券化对整个金融体系及其稳定性还有其他影响，它会扩大整个银行体系的风险（Brunnermeier 和 Sannikov，2014），事实上，2007 年到 2009 年的国际金融危机就表明资产证券化会危害金融系统的稳定性（金融危机调查委员会 FCIC，2011）。

资产证券化会加重银行业的逆向选择和道德风险问题，从而削弱审查和监督动机。为进行资产证券化而采取的非常宽松的放贷标准会造成信贷市场失衡，从而增加金融系统的脆弱性，最终影响整个金融系统的稳定性。

持有低质量贷款以及承担第一损失同样也增加了银行的系统风险。银行资产负债表中高风险资产比例过大久而久之会增加金融体系的脆弱性，如果将这些高风险资产分散，那么金融中介就不再有动机监督和审查借款人，这可能会造成借款人低效的经济活动，从而使得金融系统的信用风险水平无法维持（Duffie，2008）。

众多学者研究了资产证券化和金融稳健的关系。Michalak 和 Unde（2012）发现资产证券化通过直接和间接渠道影响银行稳健性，直接影响是通过进行监管资本套利实现，间接影响是通过将交易获利再投资于更具风险的项目中。同样地，Krahnen 和 Wilde（2006）探究了资产证券化是否会影响银行股东权益价值的循环，这反映出了银行业存在的主要系统风险，取决于银行贷款登记簿的相关贷款违约情况。他们发现资产证券化对银行风险的影响取决于将从资产证券化获得的收益进行怎样的再投资。例如，将获得的收益投资于相对低风险的标的资产能够降低银行风险，但是如果将其用于偿付股东或者用于产生新的贷款以便将来进行证券化，那么这将会增加银行的系统风险。因此，资产证券化促使银行进入权益层，再证券化增加其市场风险的敞口程度，从而引致系统风险。

市场认知和反应

众多学者通过研究市场对资产证券化信息的反应，探究市场如何感知到资产证券化对银行业风险的影响的。Nijskens 和 Wagner（2011）发现资产证券化交易会增加股票价格的 beta 值，换句话说，市场预先发现了资产证券化的风险，具体而言，合成型资产证券化的 beta 值会增加得更多。因此，即便银行试图降低自身的风险敞口，这也会增加金融体系的系统风险。Marsh（2006）发现资产证券化消除了 60% 与放贷声明相关的超额收益——银行证明效应。因此，市场似乎认为监控动机会随着信贷风险的转移而消失。

相反，Franke 和 Krahnen（2008）发现资产证券化交易并没有对股票收益产生显著影响，这意味着股票持有人并不认为资产证券化能够创造价值或者造成损失。同样，Martinez – Solano 等（2009）发现资产证券化交易能够带来额外收益，尤其是对股权水平较高且收益率较低的西班牙银行而言，这反映出市场预期解除的股权将会用于创造收益，这与次贷危机所展现出来的情况一致（Dell'Ariccia 等，2012；Keys 等，2010；Mian 和 Sufi，2009）。与此相反（Shivdasani 和 Wang，2011）发现对于 LBO 贷款，由于标的企业的风险水平较低，资产证券化不会造成监管松弛，他们将其归因于银行会为作为担保人的声誉着想。

弱化货币政策效果

资产证券化对金融稳定性产生影响的另一个可能的渠道是弱化货币政策的效果。由于银行可以在资本水平较低的时候通过资产证券化筹集资金，利用银行放贷行为实现货币政策效果的传导机制将会失效（Altunbas 等人，2009），主要原因有二，其一，资产证券化能够增加可放贷的资金以及银行的流动性，从而弱化了紧缩的货币政策所带来的资金限制；其二，资产证券化造成了信贷风险的转移，使得监管资本减少，转而增加了放贷资金。其三，活跃于资产证券化的银行拥有较高的贷款增长率，这与监管套利以及融资动机一致。Loutskina（2011）还通过研究近期的信贷危机，证实了资产证券化弱化了货币政策对贷款供给的影响，使得当资产证券化市场资金干涸时，银行易受流动性和融资危机。

结论

在 2007 年到 2009 年国际金融危机前，普遍认为资产证券化使得金融体系中的众多市场参与者受益，银行和其他金融机构通过将流动性较低的资产转化为可交易的资本市场工具进行融资，这样就降低了银行对存款的依赖，并提供了多种融资渠道，降低了融资成本，从而提高了流动性水平和资产周转率，最终提高了银行的整体盈利性。因此，证券化能够提高金融一体化，并能够在经济层面分散风险。

　　与此相反，资产证券化对银行行为也存在负面影响，其促使银行承担更多的风险、降低监督水平并放宽放贷标准，在弹性较大的标的信贷市场的催化下，这些影响会破坏银行业的稳定，并威胁金融稳健。

第 6 章

存在信息不对称时 ABS 的价值

介绍

资产证券化交易易受三个相关且不同的信息问题的影响。第一个问题就是涉及贷款人与借款人关系的传统的（柠檬）逆向选择问题，借款人通常相较贷款人（发起人）拥有更多有关信贷的私人信息。第二个问题是由于薄弱的监督出现的中间信息障碍，如果这些不透明的贷款进行了证券化，这就可能造成借款人和最终 ABS 投资者之间的信息不对称问题。第三个问题是 ABS 发起人和投资者之间存在的道德风险，发起人可能会有更多有关证券化贷款的私人信息，随着风险和所有权转移给投资者，发起人缺少了履行监督职能的动机。

正如第 5 章所讨论的，发起人经常利用暗示或者持有权益来向潜在投资者传递有关 ABS 质量的信号，投资者还经常通过信用评级来评估 ABS 的价值，信用评级机构基于专有信息评估 ABS 交易的质量，将最终评级结果公之于众，并向发行人收取费用，他们还会审视交易特征以及发行人的市场地位。在 2007 年到 2009 年国际金融危机过后，由于主要投资者在遭受空前损失后丧失了投资兴趣，全球资产证券化市场迅速冷却。即便是在正常时期，结构化的金融工具也难以定价，因此，在国际金融危机爆发前，由于信贷市场存在信息不对称问题，投资者进行风险评估也是非常具有挑战性的（Leung 等人，2015）。然而，投资者因为过度依赖信用评级而饱受批评。

在本章中，我们将会对投资者是否以及如何试图通过评级和交易特征来规避已有的信息阻碍的相关文献进行研究，已有文献表明主要价差所反映的信息量超过评级所反映出来的，投资者会考虑其他在信用评级过程中已经考量过的因素（详见 Adelino 2009；Fabozzi 和 Vink，2012a，b，2015；He 等，2012；Deku 等，2017a，b），投资者还会考虑各种各样的因素，如发行人声誉、评级偏好和债权人保护机制，这些文献表明信用评级不是投资者需求的唯一驱动因素。

投资者可能还会考虑评级机构与发行者之间的可疑关系，人们认为发行人能够购买评级并只披露积极信息（He 等，2012），评级机构会对与其有密切合作的企业给予过高的评级（Efing 和 Hau，2015），投资者可能会评估发行者声誉效应，还可能依赖那些代表投资者、保护其权益的受托人。

资产证券化对投资者的益处

对于机构投资者，证券化的资产是资本市场的一种产品，就像国债和企业债券一样，它使得投资者能够进入原本无法接触到的部分信贷市场，一个典型案例就是住房抵押贷款，投资者可以通过购买 MBS 进入该市场，其他的 ABS 是以汽车贷款、信用卡或者 SME 贷款为标的，这些风险和收益配比是投资者无法简单复制的。

投资者在 ABS 交易中面临的信息不对称问题

资产证券化流程受制于多种因素，这增加了投资者进行风险评估的难度。首先，可能存在借款人与贷款人之间的逆向选择问题。例如，在 2007 年到 2009 年国际金融危机前，美国住房抵押贷款的借款人会虚报信息（Jiang 等，2013；Griffin 和 Maturana，2016）。投资者还会面临银行的投机行为，众多文献证明了资产证券化会激励银行的投机行为，增加其风险偏好且削弱其审查和监督动机（详见第 5 章），另外，在金融危机前的信贷繁荣发展时期，主要出于投机动机，资产证券化促使银行购买低质量的 ABS（资产证券化与 2007 年到 2009 年国际金融危机的关系将在第 7 章详述）。

资产谎报与诈骗

有证据表明，在危机前的资产证券化链条中，有关银行所发起的资产的谎报与诈骗普遍发生（Piskorski 等，2015；Griffin 和 Maturana，2016）。在美国，资产证券化链条中的谎报频繁发生，尤其是垂直一体化中间机构，在住房抵押贷款中该机构的谎报率达到 10% 到 30%（Griffin 和 Matu-

rana，2016；Piskorski 等，2015）。发起人和担保人拥有足够的信息证明被
证券化的资产池的风险程度比向投资者所披露的更高（Griffin 和 Maturana，
2016），而且对那些更可能被证券化的次级贷款的审查力度会减弱（Keys
等，2009）。最初的信用评级也无法阐明这些不公开披露信息（Piskorski
等，2015），虽然如此，贷款较差的表现所造成的影响会超过宽松的审查
机制所造成的影响，以致更多的信息也无法弥补之前信息的谎报，而即便
是信息很全面的贷款也存在虚报（Griffin 和 Maturana，2016），合同披露信
息失真如此普遍可能源于不完全的市场机制和监管体系。

资产证券化链条和表现

资产证券化链条的供给涉及众多机构，如发起人、发行人和服务商。
许多学者探究了当同一机构承担这些职能时 ABS 的表现，有证据表明在危
机前时期，如果发起人和担保人是同一机构，资产池的表现会更好（Keys
等，2012）。在美国 MBS 市场上，由同一家机构提供交易发起、发行或服
务胜过由其他机构担任（Demiroglu 和 James，2012），人们认为一些信息
不对称是由机构之间的摩擦产生的，错误的激励机制可能源于更长的证券
化链条（Keys 等，2012），当发起人与 ABS 的发行人或服务商关系密切
时，可能会产生一些积极效应（Demiroglu 和 James，2012）。然而，独立
的服务商可能不愿对风险较高的层级提供服务；因此，将服务外包可以作
为制约与平衡机制。事实上，大型银行为了避免约束不太可能用外部的服
务商（He 等，2012）。

对信用评级的依赖

从投资者的角度而言，在存在严重信息不对称问题的资产证券化市场
中，很难发现那些与设计背道而驰的激励措施，在这样的情况下，投资者
可能会向信用评级机构寻求风险评估。事实上，投资者常常因为过度依赖
信用评级工具而遭受谴责，通过信用评级，投资者可以跨越资产证券化链
条中的信息障碍从而对 MBS 进行估价（Mahlmann，2012）。人们认为在危

机前时期，将信用评级纳入到审慎监管中间接促进了投资者对 ABS 的需求（Benmelech 和 Dlugosz，2009），评级机构在 MBS 价值评估中扮演了十分重要的作用。然而，由于评级无法准确评估资产支持证券的风险，信用评级的质量受到质疑（Brennan 等，2009；Coval 等，2009a，b）。

解决信息不对称的途径

投资者就真的只依赖信用评级这一工具？还是说他们也会考虑其他的工具来解决资产证券化交易中的信息不对称问题？从文献中可以看出，投资者不仅仅考虑了信用评级，还考虑了我们之前讨论过的一些因素，包括发行人声誉、权益保留、发行人和评级机构的相互作用、托管人声誉、发起银行所在地、贷款增长率以及道德风险，这些在投资者评估 ABS 风险过程中至关重要。

发行人声誉

发行人的声誉是投资者在给 ABS 定价过程中需要考虑的因素之一（Deku 等，2017b），在金融服务业，声誉具有品牌价值（Fang，2005；Booth 和 Smith，1986；Titman 和 Trueman，1986），这是因为对声誉的担忧会激励金融中介在合约披露中避免谎报、减少银行投机性行为以及缓解道德风险，为了投资者的利益而提供高质量的证券化产品（Chemmanur 和 Fulghieri，1994）。资产证券化遵循重复博弈结构，从而发行人会特别看重建立并且维持一个良好的声誉，尤其是对那些想要长期进入证券化市场的发行人（Hartman – Glaser，2011；Kawai，2015）。基于此，投资者可能会对那些声誉良好的、经验丰富的发行人所出售的 ABS 更感兴趣，因为风险较低。

对声誉良好的发行者的股东而言，资产证券化是一种财富，它的价值源于发行人在信贷发起和提供服务过程中的比较优势（Thomas，1999），从而激励了发行人维持一个良好的声誉。在资产证券化安排中，发行人的声誉与抵押品池的质量息息相关，他们需要确保支持证券化产品的抵押品的质量。有证据显示在信贷繁荣时期，当难以对信贷保持监控时，声誉良好的银行更可能会保持监管，而声誉较差的银行更可能以弱化监控为代价增加放贷（Winton 和 Yerramilli，2015）。针对欧洲市场，Deku 等人（2017b）发现发行人的声誉在资产证券化交易中具有品牌价值，他们认为在购买风险较高且难以评估的次级 MBS 时，发行人的声誉非常重要。当信贷市场的信息不对称问题越发严重时，发行人的声誉也被认为是很重要的。

相反，人们还认为有名望的银行还存在滥用其声誉优势来损害投资者利益的动机（Chemmanur 和 Fulghieri，1994）。例如，声誉良好的主体所发行的结构化证券产品在金融危机期间表现更差（Griffin 等，2014），因此投资者其实承担了比他们认为更高的风险。

权益保留

权益保留是发行人用来减少资产证券化过程中的摩擦的一个方法（Gorton 和 Pennacchi，1995），最优的权益保留旨在将发起人和投资者的利益勾连在一起，如此发起人就有动机降低违约概率（Malekan 和 Dionne，2014）。然而，这种方法在信贷繁荣时期并不奏效（Kuncl，2015），因为资产质量难以测量而且金融机构不断增加其持有风险资产的规模。理想情况下，对声誉的担忧以及市场约束应该激励银行进行最优的权益保留，但是有证据表明保留的层级通常会被出售或者通过信用衍生品进行对冲（Fender 和 Mitchell，2009），因此，这一方法的有效性备受质疑。

发行人和评级机构的相互作用

由于发行人和评级机构之间的特殊关系，投资者可能对评级的质量存在质疑，研究信用评级的文献强调了当发行人可以给予评级机构一定好处时，可能存在利益背离的情况（Adelino，2009；Mathis 等，2009；He 等，2012；Efing 和 Hau，2015）。评级机构会给予那些经常发行证券的大型发行人虚高（或称为膨胀）的评级，从而可以获得未来的业务（Efing 和 Hau，2015）。在披露评级时还存在一个系统性偏差，发行人可以购买评级（称为"评级选购"），而且可以只披露积极的一面（He 等，2012），通常由于资产越来越复杂以及评级机构之间日益激烈的竞争，这一问题有所加重（Skreta 和 Veldkamp，2009）。评级膨胀在繁荣时期更可能出现，在这一时期对评级的机械式依赖程度很高，而错误评级所造成的声誉风险损失较低（Bolton 等，2012）。

Brennan 等，（2009）研究了以违约预期损失以及损失率为基础的一般评级体系的局限，他们认为尽管最终的结果取决于系统性风险，但是评级还是考虑了全部风险的信息，因此 ABS 发行人试图通过修改交易结构这种套利方式来增加系统性风险。另外，评级相同的 ABS 和企业债券之间价差的不同为额外的套利创造了空间，同样，标的抵押品的平均评级与 CDO 票据的评级也存在众多差异（Benmelech 和 Dlugosz，2009）。

评级机构辩驳说从他们而言，声誉风险可以提高行业自律。作为一个自律机制，如果对结构化产品进行评级不是主要的收入来源，那么声誉的损失足以激励机构（Mathis 等，2009）。然而，这一推断是否适用于竞争环境还不得而知，有证据显示在 2004 年到 2006 年繁荣时期，美国的投资者将评级偏见的可能性纳入 MBS 初始收益率定价中（He 等，2012）。大型发行人出售的 MBS 的初始价差远高于小型发行人出售的相同评级证券的价差，Deku 等人（2017a）研究了欧洲市场数据，他们发现当投资者怀疑发行人购买评级时，他们会要求更高的回报。

危机前，欧洲新发行的 RMBS 交易是通过三个评级机构进行评级，Fabozzi 和 Vink（2015）分析了该交易的相关层级定价数据，发现最初的融资成本反映出了评级风险，甚至在考虑了信用评级后，英国 RMB 和欧洲 ABS 发行的初始收益率能够展示出抵押品、层级以及外部信用增级的特性（Fabozzi 和 Vink，2012a，b）。同样，在美国，危机前所发行的 RMBS 的初始收益率差价也能对未来的降级和违约进行很好的预测（Adelino，2009）。

在评级大致相同的情况下，大型发行人所出售的美国 MBS 的收益率较高，这反映出投资者认为评级膨胀与发行人的规模有关（He 等，2012）。利用评级隐含价差，Efing 和 Hau（2015）发现信用评级机构会对那些能够对其提供重要的双边证券化交易业务的发行人给予一定偏向的评级，这一偏向扩大了交易复杂性，尤其是在信贷繁荣时期，获取复杂交易必要信息的高成本可能会驱使机构简单地给出虚高评级。

托管人及其声誉

托管人在资产证券化交易中扮演着至关重要的作用，他们意在通过自己管理特殊目的载体（SPV）保护投资者的利益，投资者通过托管人实行回购，因为在合约条款中规定不允许从投资者手中进行直接回购。

在联营和服务协议下（PSA），托管人通过监督发行人和服务商是否履约来保护投资者的利益（Gorton 和 Metrick，2012），他们还有责任确保投资者接受偿付途径的畅通，以及告知投资者陈述和担保的冲突，这一个资源密集型角色还要为了投资者确认 ABS 中抵押品的表现（Cetorelli 和 Peristiani，2012）。

托管人的角色仅仅超过了贷款合约内容，并在违约事件中相对更加复杂，金融和法律文献一致认为托管人对债务监管毫无作用（Amihud 等，2000；Schwarcs 和 Sergi，2008；Bavoso，2015；Spiotto，2012），托管人难以跟上技术进步和其所保管资产日益的复杂性的步伐（Allon，2009）。随着交易日趋复杂，托管人监管偿付情况以及第三方的职能也变得复杂（Spiotto，2012）。此外，相较其他机构，托管人的费用非常低，以致他们的费用补偿可能无法反映出结构化工具的日益复杂性，另外，他们有可能资源匮乏或者缺乏对结构化交易的欺诈和虚报有所察觉的动机（Colloff，2005；Allon，2009）。

在 2007 年到 2009 年国际金融危机期间，托管人机制徒然无功，他们大多数无法对低于一般标准的贷款池履行回购契约，而这原本是预先保护投资者重大损失的机制（SEC，2014）。事实上，在危机爆发时，投资者收到了众多的诉讼，声称托管人虽然对贷款池的虚报以及服务商的重大失误有所察觉，但是却无法履行回购条款。总之，托管人无法保护投资者的利益（Dolmetsch，2014；Yoon，2014；Stempel，2016）。

尽管托管人机制失灵，但是在金融危机前，投资者可能认为声誉良好的托管人在辨别不符以及相应地告知其违约的方面更加有效。Deku 等人（2017a）发现 2005 年到 2007 年上半年，在欧洲市场上那些声誉良好的托管人拥有更低的价差，他们认为当信贷市场的信息不对称问题加重并且更加难以进行风险评估时，托管人的声誉就成为了至关重要的标准。

发行人和托管人之间的关系

随着分层级票据发行到众多投资者手中，资产证券化协议引发了集体行动和搭便车（监控）问题，因此没有哪一个投资者愿意承担监督借款人和履行合约的固定费用（Smith 和 Warner，1979），所有权的易变、投资者的匿名以及债券的流动性本质上都会阻碍投资者的一致行动，从而更加重了这些问题（Schwarcs 和 Sergi，2008）。在委托监管模式中，托管人作为中介机构代表零散的贷款人监管借款人，从而这在一定程度上缓解了集体行动问题（Diamond，1984）。如果发行人而非投资者给予托管人一定补偿，那么搭便车问题就得以解决（Smith 和 Warner，1979），代理监督者缓解了发行人/服务商与投资者之间的激励问题。此外，对托管人的约定能够增加投资者之间的策略一致性，减轻成本较高的单一投资者行为。

在这种模式下，发行人有动机说服托管人对合约的不符之处睁一只眼闭一只眼（Smith 和 Warner，1979），但是贿赂声誉良好的托管人是相当昂贵的，因为大型托管人非常看重其声誉的价值，卷入贿赂丑闻非常毁坏其在投资者和发行人之间的名声，因此发行人更愿意声誉较好的托管人营造积极有利的市场认知，并且使借款费用最小化。投资者也更喜欢诚实的托管人，因为托管人的作用就是降低发行人在发行后的不利行为（Smith 和 Warner，1979；Andres 等，2012）。

发行人为外国银行

投资者可能更加担心 ABS 发行人的母银行为国外银行，金融中介的信息不对称更拉大了银行与借款人的距离，而距离越远，借款人信誉变动的预警就越差（Hauswald 和 Marquez，2006）。相较外国银行，国内银行在抵押贷款发起和服务方面有优势，国内银行拥有地理专业知识和软性信息，使得他们能够更好的评估借款人的信用和抵押品的市场价值（Hess 和 Smith，1988），这些优势使其以更高利率放款，而并没有造成很高的违约损失（Mian，2003），所以当地银行发行的 ABS 一般认为风险更低。

随着借款人与贷款人距离的加大，贷款人对基于硬性信息做出的信用评分的依赖性增加，而这导致了低质量的贷款（DeYoung 等，2008），因此国外银行要想将其基于硬信息而发放的贷款进行证券化可能不容易，有证据显示根据信用评分发放贷款的银行具有更高的风险（Berger 等，2005）。此外，银行到未知的市场开拓业务相较国内对手而言处于不利地位，这增加了银行风险，而且降低了对一个全新的、竞争更激烈的放贷市场的监控能力（Acharya 等，2002）。国外银行可能会为了缩短与借款人的物理距离而成立子公司，但是这会增加银行内部功能（层级）距离（De Haas 和 Van Horen，2013），当功能距离很远时，银行更易于利用硬性而非软性的信息（Liberti 和 Mian，2009）。

Deku 等人（2017b）提供了有关资产证券化市场中的投资者如何看待外国发行人的信息，他们认为国外发行人发起的 MBS 拥有更高的价差，而由于银行和借款人之间的距离所产生的信息不对称问题，证券被认为风险更高，他们还指出发行人的声誉并不能降低距离所引发的风险。

贷款的过度增长

投资者可能将宽松的放贷标准所导致的证券化之前贷款的快速、过度增长看成银行进行投机活动的信号，这可能会造成 ABS 质量的降低，过度放贷可能会造成额外的逆向选择问题，尤其是在信贷繁荣时期，在过去，贷款的快速增长最终都使得后期的贷款损失增加（Foos 等，2010；Carbo - Valverde 等，2012）。当 ABS 的标的资产来源于快速扩张的贷款组合时，投资者可能会要求更高的价差，经验表明投资者认为由高速增长的贷款组合发起的 MBS 的抵押品质量可能较差，贷款的过度增长是高风险的，所以他们会要求更高的回报。

发行人的道德风险

第 5 章针对资产证券化如何推动了银行的投机行为进行了广泛的论述，结论依赖于一个事实：局外人只能通过一些可观察的因素来评估借款人的信用质量，这些因素包括信用评级或者会计报表。相反，由于银行能够获得一些有关借款人的专有信息，他们可能会对其发起的贷款未来的表现有更敏锐的观察，因此，银行就有动机利用这些信息，将质量较低但是外在指标较高的贷款进行证券化——这些有关借款人的可以观察到的外在指标正是在证券化过程中局外人所依据的——发起银行希望这些贷款的表现能够低于外部市场观测者所预期的（Kara 等，2017），因此银行可能继续拓展其信息优势。MBS 二级市场的证据表明，银行拓宽其接触内部信息的通道（Drucker 和 Mayer，2008），并且在资产证券化前，抵押贷款贷款人会逆向选择那些拥有更高提前偿付风险的抵押贷款（Agarwal 等，2012）。

ABS 评估中的信用循环

在投资者评估 ABS 时，信用循环可能发挥了很重要的作用。在一个好的信用循环中（如上升的信用循环），投资者可能更愿意持有风险更高的证券（Kara 等，2016），这也可能因为在信贷扩张时期，投资者难以评估信息密集证券的真正价值——如 CLO（Akerlof，1970）——在信贷繁荣时期（Dang 等，2012；Santos，2015；Demyanyk 和 Van Hemert，2011）。

结论

投资者在对如 ABS 这样复杂资产进行风险评估时会面临各种各样的问题，在 2007 年到 2009 年国际金融危机后，投资者因为对信用评级的过度依赖而备受指责，这造成了其投资组合更大的损失，本章针对有关投资者面临的信息不对称问题以及投资者如何试图跨越感知到的信息壁垒的文献进行了研究。

有证据表明投资者对信用评级并没有过度的依赖，他们会考虑发行人的声誉，尤其是在信贷市场的信息不对称问题加重时。投资者还对可能存在的评级选购和评级膨胀有所质疑，所以对于这类交易，投资者会要求更高的报酬。他们更偏爱那些声誉较好的托管人来保护他们的利益。最后，投资者更加依赖于本土银行的经验，并意识到了银行贷款组合中那些快速过度增长的信贷对由其支持的 ABS 质量的影响。

第 7 章

资产证券化在 2007 年到 2009 年危机中的角色

介绍

　　2007 年到 2009 年的国际金融危机将更多的注意力投放到资产证券化以及其在危机酝酿期间所扮演的角色。在国际金融危机期间，当抵押贷款相关的工具遭受了严重的信用质量恶化，资产证券化市场经历了灭顶之灾，随后外溢效应蔓延到了其他类型的 ABS。总之，金融危机敞口出了资产证券化流程的缺陷，随之将金融市场的注视转移到非传统金融机制上，如结构性金融。

　　资产证券化由于其推动信贷增长、降低放贷标准和营造了对风险多样性的错误感知而受到密切关注——换句话说，它成为了金融危机爆发的主要原因之一（Kara 等，2016）。资产证券化成为银行无节制地进行风险承担行为的激励机制，银行被质疑将低质量的证券化结构发起，并低价出售给信任的投资者。危机后，政府对众多银行因为资产证券化的过失而引发的诉讼案件进行了调查研究。

　　银行也承认自己通过资产证券化进行了过度的风险承担行为。例如，在美国，摩根大通公司和美国银行分别花费了 45 亿美元和 91 亿美元来解决与机构投资者的法律案件。相似地，因为涉及违反证券法和向房地美与房利美欺诈出售 MBS，美国联邦住房金融局花费了大约 165 亿美元以解决与 18 家金融机构的诉讼案件。在另外一个案件中，花旗集团与摩根大通私人银行同意向美国司法部支付大约 150 亿美元来解决其在危机酝酿期间对投资者关于 MBS 的错误引导。

　　危机前的大部分文献都认为资产证券化可能会威胁金融稳定性（详见第 5 章），在这个方面，危机生动鲜明地展示了资产证券化市场对市场观点是怎样极度依赖的，以及如何受制于投资者突然改变的风险或流动性偏好（Kara 等，2017）。

　　在本章中，我们将会通过分析 2007 年到 2009 年国际金融危机后的研究文献和迹象，探讨资产证券化和 ABS 在危机期间失败的原因。我们首先解释了为什么次级贷款是危机的根源，其次，分析了资产证券化和金融危机所引发的信贷质量的下降，最后，本章审视了信用评级机构所扮演的角色和失败之处，以及监管在阻止资产证券化引发的银行和金融体系风险叠加方面的不足。

危机的序幕：美国的次级抵押贷款证券化

如今，人们普遍认为信贷繁荣与房地产泡沫是造成 2007 年到 2009 年国际金融危机的主要原因，尤其是在西方国家，特别是美国，银行的资产证券化在促成这两个原因方面发挥了至关重要的作用，银行和其他非银行金融中介为了进行证券化，允许向资信不佳的借款人提供抵押贷款。此外，银行利用有缺陷的机制，提供短期为固定利率（一般为两年）随后为变动利率的贷款，利率的调整足以让次级借款人难以承担，所以抵押贷款被用来进行再融资（Acharya 和 Richardson，2009），而再融资只有在房产价格持续上升的时候才有可能。

信贷市场的快速扩张导致了更具风险的次级贷款，例如，在 2006 年发起了 6 000 万美元的次级贷款，大多数的次级贷款都是因证券化产生，而次级贷款占据当年抵押贷款全部发起额的 23.5% ［金融危机调查委员会（FCIC）2011］，这一比例在 1996 年到 2003 年仅有大约 8.5%。信贷的可获得性和次级借款人的需求推动了房价的上涨，包括银行在内的机构投资者对这些结构性票据的需求非常旺盛，尤其是 AAA 级的票据。

Acharya 和 Richardson（2009）认为金融机构忽略了其自身的资产证券化业务模式，并且选择不将信贷风险转移给其他投资者。资产证券化导致风险聚集到金融机构中，且被用来规避资本充足性监管。FCIC（2011）认为抵押贷款放贷条件的松弛以及资产证券化的盛行是造成金融危机的罪魁祸首。此外，对资产证券化风险的错估以及不良资产被转移至全球各地的投资者和其他银行手中。

信贷质量的下滑

资产证券化交易相关的理论模型建立了信贷质量下滑与金融危机之间的联系，例如，Shin（2009）展示了当扩张银行资产负债表的必要性导致放贷条件的放松时，资产证券化自身可能无法增加金融稳定性，他解释道金融危机前，资产负债表的扩大主要通过将优质借款人的贷款进行证券化实现，因此银行为了放贷给次级借款人只能放松放贷标准。此外，由于部分次级贷款仍留在银行资产负债表内，并不是所有的次级贷款转移给了最终投资者，这是因为尽管 SPV 是脱离于发起银行的法人实体，但是银行仍通过各种形式保留了相关权益，从而也保留了 SPV 的相关风险（详见第 5 章）。相似地，Brunnermeier 和 Sannikov（2014）展示出了尽管在金融体系内通过资产证券化以及其他衍生品实现了风险共担，降低了许多低效问题，但是它也带来了高杠杆和银行的高风险。

在 2007 年到 2009 年国际金融危机后，实证表明资产证券化与金融危机的关系增强了，部分文献认为银行在危机爆发前凭借资产证券化活动过分自信地放宽了放贷标准，使得整个金融系统稳定性降低（Main 和 Sufi，2009；Keys 等，2011；Agarwal 等，2012；Dell'Ariccia 等，2012；Nadauld 和 Sherlund，2013；Wang 和 Xia，2014）。

放松放贷标准的实证研究主要基于美国的抵押贷款，这些研究表明银行的道德风险是次贷抵押贷款危机爆发的主要原因之一。

抵押贷款申请较低的拒绝率

第一，资产证券化降低了拒绝率。Mian 和 Sufi（2009）发现在金融危机前，一些潜在需求较高的地区出现了贷款拒绝率大幅下降、抵押贷款发放增加、房价上升的现象，尽管这些地区存在收入和就业的显著负增长，这一情况受到证券化贷款的比例迅速上升的影响，贷款人往往在放出一笔贷款很短的时间内就将该笔贷款进行证券化。相似地，Dell'Ariccia 等（2012）发现在一些经历了信贷需求快速增长的地区，贷款拒绝率相对较低，而且在这些高增长地区的银行在申请人的负债比率中占据很少，放贷标准的下降在抵押贷款证券化率较高的区域更加普遍。Nadauld 和 Sherlund（2013）认为投资银行资产证券化活动的相对转变是源于那些影响抵押贷款初级市场上放贷决策的外在因素，这造成了较低的贷款拒绝率、更高的次级贷款发放率以及随后更高的违约率，他们总结道，银行在金融危机爆发前持续增长的证券化活动弱化了贷款人对借款人进行谨慎审查的动机。

弱化对借款人的审查

第二，资产证券化降低了贷款人的审查动机，从而降低了抵押贷款的质量。Keys 等人（2011）发现在金融危机爆发前，资产证券化规模的成倍激增伴随着抵押贷款违约率上浮 10% 到 25%，事实证明现有的资产证券化确实对次级放贷人的审查动机产生了负面影响，他们认为现有的事实无法确定对发起人持有更多贷款违约风险的要求能够对冲审查标准降低所带来的消极影响。同样的，Purnanandam（2011）发现在金融危机前，那些活跃于资产证券化市场的银行放出了过多的低质量抵押贷款。此外，银行不愿意在审查借款人方面配置资源，而审查动机的缺失加上高杠杆风险承担行为在很大程度上促成了抵押贷款危机的形成。

出售最具风险的抵押贷款

第三，银行会将高风险抵押贷款进行证券化。Agarwal 等人（2012）发现被证券化的抵押贷款拥有更高的提前偿付风险，其仍保留在证券投资组合中，但是在美国房地产市场到达顶峰后，银行越来越不愿意持有如此高风险的贷款。Elul（2015）发现证券化的抵押贷款明显比未证券化的抵押贷款表现要差，这也证明了逆向选择。类似，Krainer 和 Laderman（2014）阐明将固定和浮动利率的抵押贷款证券化比持有贷款更具风险。

对抵押贷款市场研究的文献一致认为抵押贷款的放贷标准由于银行将抵押贷款出售给第三方而有所放松。

企业贷款为何风险更高？

也有一些针对企业贷款证券化而非抵押贷款证券化的研究，但是研究结论十分迥异。Kara 等人（2017）认为对企业的放贷行为更多地取决于借款人信用水平的特殊信息，而这一信息通常是随着借贷关系的产生而逐渐获得的，换句话说，信息不对称可能在企业贷款证券化中尤其显现，因为单一借款人的特殊风险非常重要，因此，对随后进行证券化的企业贷款放松放贷标准可能会对投资者造成更严重的后果，因为投资者在评估贷款风险方面更加依赖银行。

部分研究发现当银行活跃于资产证券化市场时，企业贷款同样质量较差。Bord 和 Santos（2015）发现在危机前美国 CLO 市场非常活跃的时候，相较同一银行发放的未进行证券化的贷款，CLO 的标的贷款表现不佳，他们将证券化的贷款表现较差的原因归结于放松的担保条件，他们还发现银行在为其将要证券化的贷款设定利率时对借款人风险的硬性信息并没有足够的关注。

频繁进行资产证券化交易的银行对事后监督并不重视。Wang 和 Xia（2014）展示出在美国，活跃于资产证券化市场的银行对借款人会给予较为宽松的放贷条件，更可能在没有更改贷款条件的情况下解除义务，相较那些在证券化市场上不活跃的银行的借款人而言，这些银行的借款人实质上承担了更高的风险。Kara 等人（2017）研究了欧洲企业贷款进行证券化前后是否存在表现差异，他们发现随着证券化，相较那些仍处于监督状况下的借款人，这些进行证券化贷款的借款人的信用水平下降了，他们将证券化贷款的较差表现归咎于银行减弱的监督动机。

与此正相反，有些研究并没有发现任何有关资产证券化导致高风险性放贷的证据。Benmelech 等人（2012）通过分析担保贷款凭证涵盖的个人信贷在放贷后的表现情况，探究了资产证券化是否与美国企业贷款市场的高风险放贷有关，他们观察了许多担保贷款凭证（CLO）持有的贷款，发现在企业贷款证券化市场上，逆向选择并没有那么严重（相较其他研究所阐述得那样），他们发现在同一家银行发起的贷款中，被证券化的贷款的质量并不比未进行证券化的贷款的质量差。Shivdasani 和 Wang（2011）发现银行在美国结构化信贷市场上的承销活动使其更容易获得杠杆收购的贷款、较低的信贷价格以及宽松的合约条款，然而这些因素并不会导致高风险的杠杆收购。Albertazzi 等人（2015）研究了意大利银行的行为，认为银行能够通过出售较为透明的贷款、利用信号装置以及建立不会放松放贷标准的声誉，有效抵制证券化市场的信息不对称问题所引发的消极影响。

事前定价的证据

企业贷款作为 CLO 的抵押品，其定价机制可能也反映出活跃于资产证券化市场的银行是否进行了冒险行为。Nadauld 和 Weisbach（2012）发现在美国市场上，那些很有可能后期进行证券化的资产相较其他相似资产而言拥有更低的价差。同样，Kara 等人（2016）发现在金融危机期间，那些积极参与发起 ABS 的欧洲银行对企业贷款提供更低的价格，这里很值得注意的是应该十分谨慎地解释价格方面的发现，因为难以证明资产证券化在降低发起贷款的成本方面的有效性。

信用评级机构的失误

FCIC（2011）指出信用评级机构是金融危机的推动者，该报告强调与抵押贷款相关的证券是金融危机的关键，若没有信用评级的认定，这些证券原本不会在市场上流转出售。根据 FCIC（2011），评级机构这样做的原因包括使用了有缺陷的计算模型、承担来自那些愿意购买评级的发行企业的压力、占据市场份额的考量以及缺乏谨慎行使职权的约束。然而，投资者对评级机构十分依赖，监管资本标准也是基于信用评级而制定的。在 2007 年到 2008 年多次大规模降级中，不准确的评级问题十分突出，根据 FCIC 所指出的，从 2000 年到 2007 年，穆迪评级给予了 4 500 份抵押贷款相关证券 AAA 级评级，而这些证券中的 83% 在这一段时间发生了降级。

不适宜的评级方法

信用评级机构为何无法准确评定那些证券？主要原因之一就是他们使用的评级方法无法适应 ABS 的复杂性。Caprio 等人（2010）认为问题之一就是信用评级机构对 ABS 不同层级和传统债券的全波动损失使用同一设定进行评估，他们解释称在一般情况下，不同评级的违约观测值和损失率与该类别的证券之前获得的评级风险紧密相关，然而 ABS 是以单项资产组成的固定的资产池作为支持，从而，服务商在缓解不良事件对投资者回报的潜在影响方面几乎无能为力。即便债券和证券的损失拥有相同的估计，两者的误差限度也是非常不同的（Caprio 等，2010）。此外，各种各样的 ABS 结构对市场而言也是十分新奇的，信用评级机构无法对商业周期不同阶段的评级进行压力测试。

ABS 评级的可协商属性

在 ABS 评级过程中，另一个问题就是评级机构作为承销团队的一员具有无法避免的属性（Mason 和 Rosner，2007），这影响了评级机构对风险的主观评估。通常情况下，在 ABS 评级过程中，发行人和评级机构会对发行条件（包括次级、信用增级等）进行协商，以实现预期评级。Mason 和 Rosner（2007）发现徘徊在界限边缘的 ABS 评级非常集中，这会促使它们进入下一个等级较低的评级。

发行人和评级机构之间的可疑关系

发行人和评级机构之间的可疑关系也是引发了很多问题。实证研究表明评级机构会给出有利的但无法反映 ABS 真实风险的评级，尤其是当评级机构与发行银行之间拥有较强的商业联系时。He 等人（2012，2016）发现评级机构会给予大型发行人较高的评级，尤其是在市场繁荣时期，具体而言，他们比较了大型发行人和小型发行人出售的抵押贷款支持证券的结构和表现，发现大型发行人出售的证券拥有较少的次级——大部分交易获得了 AAA 级——相较于那些小型发行人出售的证券。此外，在市场下滑期间，大型发行人发行的 AAA 级和非 AAA 级证券的价格下滑更甚于小型发行人发行证券的价格下滑，该差异主要集中在 2004 年到 2006 年间发行的证券上。相似地，Hau 等人（2014）指出平均而言，大型银行能够获得更有利的银行评级，尤其是从那些与银行有很多证券业务往来的机构中。

Efing 和 Hau（2015）还验证了进行资产和抵押贷款支持证券的发行人是否能够从其有密切商业往来的机构中获得评级偏向，他们发现机构会给予那些为其提供更多双边证券化业务的发行人更好的评级，这样的评级偏向在非常复杂的债券交易方面以及在信贷繁荣时期发行的证券方面都十分显著。Ashcraft 等人（2010）发现在 2005 年初到 2007 年中期的 MBS 市场繁荣时期，评级标准出现了持续下降，并且那些以高风险抵押贷款为担保的交易表现欠佳。

投资者为何对信用评级如此依赖？White（2009）认为评级机构通过其长期的诚信历史以及对企业和政府债券精准的评级建立了良好信誉，所以许多债券购买者更愿意相信信用评级机构对资产支持证券的判断，包括那些以抵押贷款作为支持的证券——甚至当次级抵押贷款支持证券的收益高于顶级企业发行的同评级债券的收益时。

监管不足

普遍认为西方世界的金融监管无法发现和阻止银行疏忽大意的放贷行为以及金融体系累积的风险，主要针对美国和欧洲。例如，在美国，证券和交易委员会本可以要求更高的监管资本，阻止大型投资银行的风险性行为，政策制定者和监管者本可以减缓抵押贷款证券的急剧上升（FCIC，2011）。

Acharya 和 Richardson（2009）描述了银行利用监管的两个漏洞来增加其资产证券化活动并将其持有的资产进行证券化。第一，银行暂时将需要证券化的资产（如抵押贷款）放在表外主体 SIV 手中，因此他们无须为其持有大量的缓冲资本，这是因为那时候的监管框架是巴塞尔协议 I，该协议并未给予那些出售给由银行成立的特殊目的载体（作为表外主体）的贷款相应的风险权重。另外，银行资产负债表中持有的抵押贷款被给予了50% 的风险权重，而那些进行抵押贷款证券化并通过成立 SPV 给予标的资产信贷风险担保的银行比其看起来风险更高，换句话说，他们实际上并没有将信贷风险转移。

第二，资本监管允许银行减少其 AAA 级证券化抵押贷款的监管资本数额，因此银行会投资于自己发起的 AAA 级证券化抵押贷款，而正如前面所述，该评级并不精准。例如，在那时，BBB 级证券所需的监管资本是AAA 级和 AA 级证券监管资本的五倍，而 BB 级则需要十倍的监管资本（FCIC，2011）。

结论

资产证券化促使了更具风险的银行借贷行为，也使得金融系统风险累积，从而引发了 2007 年到 2009 年的国际金融危机。危机前的实证分析指出了资产证券化与危机的直接联系，银行降低了放贷标准，尤其是抵押贷款的放贷标准，从而推动了高风险抵押贷款的证券化，企业贷款证券化的相关证据是更加模糊不清难以确定的，信用评级机构通过错误计算这些证券的风险误导了 ABS 投资者和监管者。还有证据表明发行人与信用机构密切的商业联系导致了膨胀的评级。最后，资本充足监管的漏洞激励了银行进行证券化，从而使得这些证券工具造成银行业大量的风险累积。

第 8 章

资产证券化：
危机以来的主要趋势

介绍

本章是由 Martin Scheicher（欧洲中央银行）和 Stefanie Wehmeyer（德国商业银行）撰写的，所有表达的观点仅代表这两位作者的意见，不代表 ECB 和德国商业银行的观点。本章讨论了自 2008 年国际金融危机爆发后欧盟资产证券化市场的主要变动，金融危机对欧盟的资产证券化市场产生了深远影响，在 21 世纪早期非常活跃的现金市场骤然停歇，虽然如此，一些特殊方面仍持续见证了市场的发行，从而将信贷风险远离了银行业。因此，欧洲区域的资产证券化市场从一个活跃于固定收益市场的参与者转变成为一个相对较小的市场。

在我们的讨论中，我们从发行角度和市场定价角度出发，总结出了监管方面最重要的几个变动，以及重要细分市场发生的革新。总的来说，我们们的分析有四个关键方面。

1. 监管收紧。
2. 市场调节。
3. 国有企业的扩大作用。
4. 合成 ABS 日益扩大的作用。

本章的其他部分讨论了这四个互相关联的关键方面，关注点主要集中在欧洲市场上。

趋势 1：监管收紧

概述

为了应对金融危机，政策制定者推出了许多用以改进资产证券化监管框架的措施，次贷危机的许多经验教训为全面改革提供了起始点（左列）[1]，基于这些观察，表 8.1 展示了众多关键措施（中间列），与银行最相关的变动在于收紧的资本和流动性监管要求，以及风险自留、尽职调查和透明监管的相关举措。

资本要求

自金融危机后，资本要求在稳步提升。第一步，引入了更高的再证券化资本要求（BCSB 2009a），随后排除了利用银行间市场风险模型计算得出的交易账户中的证券化持仓（BCSB 2009b）。

表 8.1   **复苏资产证券化市场的重要举措**

主题	目标	参考
加强风险自留和投资者尽职调查	作为 2009 年 G20 议程的实施，众多领域引入了风险自留要求、扩展了投资者尽职调查的标准并加大了发起人/赞助者的披露要求	2009 年匹兹堡 G20 峰会
增加银行资本要求	调整了持有资产证券化的银行的资本要求	巴塞尔银行监督委员会（BCBS）"扩展了巴塞尔协议 II 的框架"（2009a）；"修正了巴塞尔协议 II 的市场风险框架"（2009b）；"修正了资产证券化框架"（2014，2016）
增加流动性要求	引入银行流动性要求	BCBS "巴塞尔协议 III：流动性覆盖率和流动性风险监管工具"（2013）
提高透明度	增加透明度要求，促使投资者进行更有效的风险评估	BCBS "扩展巴塞尔协议 II 框架"（2009a），BCBS "修订金融三支柱的披露要求"（2015）
降低对信用评级的依赖	降低对信用评级机构给出的评级的依赖	金融稳定局（FSB）"降低对 CRA 评级依赖的准则"（2010）

资料来源：作者自行绘制。

然而，这些改变并没有覆盖金融危机敞口出的巴塞尔协议 II 资产证券化框架的全部缺陷：该机制过于依赖外部评级、缺乏对风险和悬崖效应的敏感性。为弥补这些不足，BCBS 还修改了对证券化持仓的资本要求的计算框架，BCBS 计划在 2018 年 1 月正式引入修正的银行资本规则。

　　通过修订分层方法，BCBS 希望能够降低对外部评级的依赖程度。巴塞尔协议 II 主要以外部评级方法为主，而修订的框架要求银行优先使用内部评级方法（SEC - IRBA），该方法是基于一个监管公式，首先要求标的投资组合的资本费用要通过监管认可的内部评级模型（IRB）计算，如果银行无法通过 SEC - IRBA 确定证券化持仓的资本费用（如针对一个证券投资组合缺少监管认可的内部评级模型，或者该资产池进行内部评级所需的数据不足），那么在允许利用外部信用评级的辖区，该银行也可以通过外部评级方法（SEC - ERBA）计算，在不允许使用外部信用评级的辖区，该银行可以利用标准法（SEC - SA）。对于再证券化，只允许使用后面的一种方法，但是这一方法在再证券化的应用会比其对证券化资产更保守，所以并不那么适用，SEC - SA 同样包含了监管公式，但是却不如 SEC - IRBA 公式那样复杂，该方法要求输入通过信用风险标准方法计算得出的证券化投资组合的资本需求量。

　　证券化持仓的资本需求用不同的方法计算结果不一，表 8.2 则说明了这一点，其比较了现今的外部评级方法（RBA）和未来的 SEC - ERBA。

　　如果一家银行无法使用 SEC - IRBA、SEC - ERBA 或者 SEC - SA，那么其证券化持仓的风险权重会高达 1250%。

　　该框架包括对满足"简单、透明、可比"（STC）原则的 ABS 证券化持仓的优惠资本待遇，鉴于 BCBS 和 IOSCO 建立的 STC 原则（BCBS/IOSCO 2015）只适用于长期交易，欧盟提出了适用于长期交易和 ABCP 交易的"简单、透明和标准"（STS）证券原则。[2] 欧盟委员会对 STS 证券提出优惠待遇的目的在于帮助投资者评估资产证券化风险，并为特定类型的 ABS 建立一个活跃的市场。由英国央行和欧洲央行支持的这个倡议承认了一个功能完备的证券化市场的好处，即为实体经济提供融资并在金融体系内实现了风险的有效分散（BoE/ECB 2014）。

　　尽管欧盟标准仍在筹划期，还没有完成，但是如今的提议总体来说与 BCBS 在 2016 年 7 月完成的对资产证券化框架的修订大致相似。STS 原则的目的在于降低资产证券化流程以及标的资产的关键风险，条款包括但不限于真实出售证券化风险敞口、仅涵盖没有负面信用事件的同类资产、遵从风险自留、降低利率和货币风险、简单的瀑布式结构以及充分披露潜在风险，如果满足了 STS 原则，那么证券化持仓就只需要达到较低的资本要求。

表 8.2　　　　　　　　　　　当前和未来机制的风险权重

长期评级	BCBS《银行自有资本之计算与资本标准的国际通则》（2006）				BCBS《资产证券化框架修订》（2014，2016）			
	内部评级模型				优先		非优先	
	分散程度较高	分散程度一般	集中	标准	层级到期日		层级到期日	
					1 年	5 年	1 年	5 年
AAA	7%	12%	20%	20%	15%	20%	15%	70%
AA +	8%	15%	25%	20%	15%	30%	15%	90%
AA	8%	15%	25%	20%	25%	40%	30%	120%
AA −	8%	15%	25%	20%	30%	45%	40%	140%
A +	10%	18%	35%	50%	40%	50%	60%	160%
A	12%	20%	35%	50%	50%	65%	80%	180%
A −	20%	35%	35%	50%	60%	70%	120%	210%
BBB +	35%	50%	50%	100%	75%	90%	170%	260%
BBB	60%	75%	75%	100%	90%	105%	220%	310%
BBB −	100%	100%	100%	100%	120%	140%	330%	420%
BB +	250%	250%	250%	350%	140%	160%	470%	580%
BB	425%	425%	425%	350%	160%	180%	620%	760%
BB −	650%	650%	650%	350%	200%	225%	750%	860%
B +	1250%	1250%	1250%	1250%	250%	280%	900%	950%
B	1250%	1250%	1250%	1250%	310%	340%	1050%	1050%
B −	1250%	1250%	1250%	1250%	380%	420%	1130%	1130%
CCC + /CCC/CCC −	1250%	1250%	1250%	1250%	460%	505%	1250%	1250%
低于 CCC	1250%	1250%	1250%	1250%	1250%	1250%	1250%	1250%

资料来源：作者自行绘制。

风险自留与尽职调查

资产证券化中存在发行人和投资者的利益不一致问题，这也是金融危机产生的主要原因之一，为了解决这个问题，证券发行主体被强制要求保留一部分经济风险（Fender 和 Mitchell，2009）。在欧盟，风险自留准则在 2011 年开始正式实施，[3] 遵照欧盟的风险自留准则，投资者只允许投资（间接方法）那些发起人或原始贷款人公开披露自身持续持有不低于 5% 经济净利润的证券，持有经济净利润的方式有很多种，包括：

- 持有每个出售层级不低于 5% 的名义价值（垂直部分）；
- 在资产证券化的循环敞口中，发起人留存收益不低于证券化风险敞口名义价值的 5%（同等权益）；
- 对于保留随机选择风险敞口，如果证券化潜在风险敞口的数量不低于发起的 100 时，那么其相当于持有不低于证券化风险敞口名义价值的 5%（表内）；
- 保留第一损失层级，如果其他层级的风险等于或高于转移给投资者的层级风险，那么需持有不低于证券化风险敞口名义价值的 5%；
- 保留第一损失敞口，不低于每个资产证券化敞口的 5%。

"净经济利益"不应该受到任何信用风险减少、对冲或空头的影响，也不应该被出售。当证券化资产的风险敞口是对于中央政府/银行、欧盟所在地当局、特定银行以及多边开发银行时，或者是由上述机构担保时，风险自留要求并不适用。

除了风险自留要求外，投资者还必须对其资产证券化投资进行全面的尽职调查，尽职调查特别涵盖证券化资产和层级的风险特征、发起人的授信流程、抵押品价值评估的方法和依据，以及影响投资者所持层级的表现的所有结构性特征。此外，证券化资产头寸需要定期进行压力测试，为了便于投资者进行尽职调查，发起人、原始贷款人或者发行人有义务持续披露一些相关信息。

美国在 2014 年 10 月开始实施风险自留规则[4]，与欧盟规则不同，美国的风险自留规则规定资产证券化交易的发起人所保留的经济利益至少是信用风险的5%。风险自留类型包括"合格垂直型"和"合格水平型"，第一种方式要求至少保留每一层级的5%，第二种方式要求保留偿付本金信用等级最低的层级（L型）。

欧盟和美国的规则有诸多不同点，除了在风险自留规则方面的不同外，在申请规模、豁免或者持有期限等方面也有所不同，虽然如此，建立发起人和投资者之间的利益联盟的目的却十分相似。

降低对外部评级的依赖

为了解决评级机构在金融危机中所暴露出的问题，政策制定者（FSB 2010）在评级机构的监管和降低市场对外部评级的依赖性两方面采取了许多措施，这也部分反映出前文所述的对银行资本要求的监管，以及通过强调对资产证券化层级和资产池的内部信用风险评估，提升投资者尽职调查标准。尽管监管框架意欲替换外部评级，但是外部信用评级仍发挥着影响，因此，对评级机构及其活动，以及评级的使用采取了更为严格的监管，然而这些措施不仅对信用评级机构赋予了责任和义务，还影响到了资产证券化流程中的发起人和发行人。尤其是，以下展示的欧洲评级监管的要求还需要多加考虑。

- 结构化金融工具的双重信用评级：当发行人想要对其资产证券化进行信用评级时，他需要指定至少两名相互独立的评级机构为其提供信用评级服务[6]。

- 利用多层级信用评级机构：当发行人想要指定至少两名评级机构对其资产证券化进行评级时，他需要考虑至少指定一名所占市场份额不超过10%的评级机构[7]（也就是促进评级机构的竞争）。

- 对资产证券化信息的披露：该要求包括发行人、发起人之间在欧盟中存在的连带责任，要公开资产证券化交易相关的特定信息。[8]

透明度/第三支柱披露

前文所述的披露要求涉及单个资产证券化头寸，在资产证券化交易流程中的银行、发起人、发行人或是投资者也有责任根据旨在激励市场约束的 BCBS 第三支柱框架披露自己的行为，该要求的重要目的在于披露的数据使得市场参与者可以对银行风险情况进行独立评估，并且与前人进行对照。

银行第三支柱的披露框架涉及以下五个指导原则。

- 披露的信息应该清晰；
- 披露的信息应该全面；
- 披露的信息应该对使用者有意义；
- 披露的信息应该始终一致；
- 披露的信息应该在银行间可比。

披露要求包括银行战略与资产证券化交易的内部风险管控的定性信息、以及有关资产证券化头寸的定量信息，如资本要求或者标的资产类型。根据每一种特定披露要求的性质不同，报告频率分为每半年或每年。

对 BCBS（2015）提出的"修订第三支柱披露要求"的实施将会在 2018 年 1 月生效。

偿付能力监管标准 2

资产证券化还成为保险监管当局的重点关注对象。偿付能力监管标准 Ⅱ[9] 是欧盟保险监管框架的重大变动，从规模和影响的角度而言，其可与（全球）巴塞尔协议 Ⅱ／Ⅲ 在有关银行方面相提并论，特别是，它引入了对欧盟承保人的基于经济风险的资本要求。新框架还特别关注了风险管理，并对透明度提出了更严格的要求，因此在一定程度上反映出了巴塞尔协议 Ⅱ／Ⅲ 对银行的要求，在此背景下，持有 ABS 的资本要求有所变动。

趋势 2：市场调节

概述

从 2008 年末国际金融危机达到高潮开始，欧洲区域的大部分 ABS 市场都经历了严重的结构断裂，规模、定价、复杂性及投资者规模都发生了翻天覆地的变化（见第 4 章）。

首先，ABS 交易的复杂性和固有杠杆出现了大幅下降（见 Hull，2009），对此主流的解释是由于再证券化交易的下降，如 CDO 平方。在 21 世纪前期，银行在许多情况下无法卖出一项交易中所有层级的证券，使得资本结构中剩余的部分停留在银行资产负债表中。例如，资本结构中最高层级——超优先层级——由于其较低的收益率很难出售给外部投资者。CDO 的购买一般是基于评级，进行的尽职调查经常不适合或者不全面。由于投资者对 AAA 级层级的证券有较强的兴趣，银行开始将其他层级的证券重新打包，使其成为新交易从而产生新的 AAA 级层级证券。然而，如 Haldane（2009）所认为的，这种行为显著增加了交易的复杂性，CDO 平方的投资者为了正确分析再证券化交易，需要分析超过 100 万页数的交易文件。

由于存在"悬崖效应"，许多 CDO 平方的交易遭遇了严重的降级，从而使投资者增加了资本压力（Coval 等，2007），部分鉴于以上原因以及监管收紧（如上所述），CDO 平方市场崩溃。随着人们普遍意识到评级机构模型的缺陷，投资者基本上对 CDO 价值丧失了信心（Fender 等，2008）。最终，投资者开始减少对 CDO 的投资，使得 CDO 市场几乎停滞（Gorton 和 Metrick，2012）。因此，巴塞尔协议对资本要求的变动反映出了一种市场趋势——结构简单化。

与此同时，许多存在内部期限错配的结构也开始有所改变。在危机前，结构性金融工具的发行量非常大，当 2007 年 8 月针对这些脆弱性较高的结构工具（如因为增加流动性风险）的"运动"开始时，许多银行被迫在其资产负债表中持有标的 ABS，并且关闭了相应的短期结构。另外，由于市场冻结而无法出售的这些 ABS 的存储成本更加重了银行资本压力。总之，这一"到期外逃"（Gorton 等，2014）成为 2007 年和 2008 年市场不景气的关键原因。

对于投资者规模，最主要的变化在于 ABS 市场的承保人数量下滑。一方面，针对 ABS 交易的单一险种公司和其他保险提供者发挥着至关重要的作用，尤其是在美国次级贷款市场，一个突出的例子就是 AIG，其对 780 亿美元的多部门 CDO 提供了保护（通过 CDS）（见 McDonald 和 Paulson，2015），这些 CDS 被构建成双边 OTC 交易，当 AIG 的对手方要求多次追加保证金时，AIG 就面临着越发严峻的抵押品不足问题，随后由于 AIG 的系统重要性，美国当局对 AIG 进行了援助。

在欧盟，ABS 市场的承保人同样也面临着这样的困境。在欧盟，承保人是最大的机构投资者，随着偿付能力 II 标准的实施（见前文），许多承保人越来越将持有 ABS 看作是资本密集型投资[10]，于是现金 ABS 的一类重要购买者降低了对 ABS 投资的热情，这就进一步加重了规模的下降趋势。

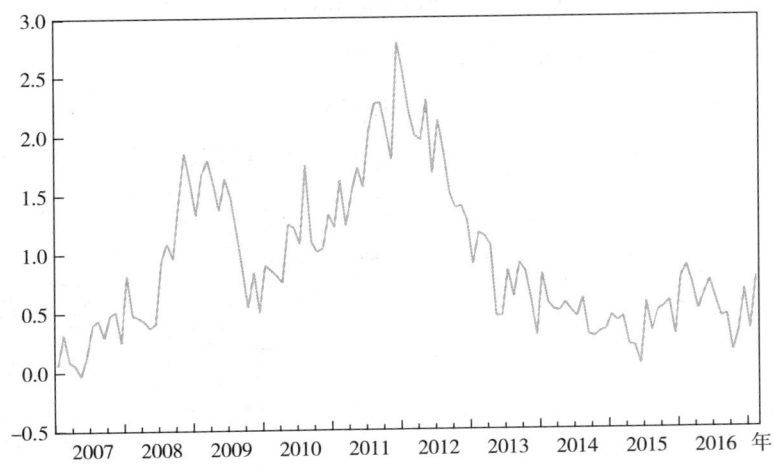

资料来源：作者自行绘制。

数据来源：Markit。

图 8.1　资产担保债券利差 iBoxx 指数

2007 年夏，国际金融危机爆发，市场价格出现了许多——有时是急剧——调整，图 8.1 展示出了涵盖资产担保债券、证券化债券和其他抵押贷款债券在内的指数证券组合的信用利差，我们使用了 Markit iBoxx 指数，并计算了有关德国长期公债收益的信用利差。

时间序列显而易见地反映出了一个趋势，即在次贷危机和欧洲主权债务危机期间 ABS 市场价格的波动性[11]。尤其是，在市场大规模动荡时期，2008 年和 2011 年出现的峰值反映出了抵押证券价值的暴跌，在 2011 年末，利差达到超过 250 基点的水平，从 2012 年夏天开始，价差出现了明显的下降趋势。除了中央银行采取了一系列措施外（详见下一部分），驱动市场 ABS 价值走向的一个关键因素是整体拖欠水平较低，尽管交易出现大规模降级（详见第 4 章），但是标的资产在实际违约和拖欠方面还是表现得相对较好。根据 AFME 的数据（2014），2007 年到 2013 年欧盟 PCS – 合格 RMBS 的违约率为 0.12%，而同时期美国 RMBS 市场的违约率为 22.05%。

尽管大多数 ABS 交易表现得相对稳定，但是危机后的价格并没有恢复到危机前的水平，尤其是在 2016 年末，利差超过了 50 个基点，超过了危机前的水平（见图 8.1）。推动危机后利差水平上升的一个原因在于固定收益市场缩紧的市场流动性，监管的变动（详见"趋势 1：监管收紧"）可能也会减弱银行大规模持有证券的意愿。美国的数据很好地验证了这一趋势：从 2009 年开始，美国经销商的资产负债表开始收缩，随后停滞，在 21 世纪初，美国经销商的资产呈指数型增长，在 2008 年后期达到顶峰，随后其资产急速减少至 3 500 亿美元，在随后的几年中，经销商的资产大致都维持在该水平上。美国主要经销商的库存大幅下降，人们开始越发担忧市场流动性持续恶化，即将证券转换成现金的成本（更多分析详见 Adrian 等 2014）。

关注欧洲企业信用风险的重定价

CDS 分层级指数市场为探究欧盟分层级工具市场定价的变动提供了一

个很好的视角，iTraxx CDS 指数于 2004 年月开始进行交易，其是欧洲主要工业企业和金融企业的信用风险定价最重要的基准。

根据现有的 iTraxx 指数构成，相应的标准 CDO 包括拥有不同程度风险敞口的层级，这些风险敞口是针对在标的指数中的企业对共同损失的分担，因而这些工具对 iTraxx CDS 投资组合产生的现金流拥有追索权，同时为指数在一定程度的违约提供了保护。具体而言，六种主要的 iTraxx 指数层级是权益层（第一损失层级，承担 0 ~ 3% 的共同损失）、低阶夹层（3% ~ 6%）、中阶夹层（6% ~ 9%）、高阶夹层（9% ~ 12%）、超优先层 1（12% ~ 22%）和超优先层 2（22% ~ 100%），这六个层级构成了 CDS 指数投资组合的整个资本结构（Longstaff 和 Rajan，2008），由于这些工具涵盖单层级合成 CDO，投资者也可以单独买卖所有的层级证券。

表 8.3 展示出了 2007 年到 2016 年 iTraxx 层级溢价的年度报告，所有的溢价均以基点展现。

不同层级的溢价会由于其对投资组合信用风险的内在敏感性的差异而有所不同，例如，在 2008 年，承担 12% ~ 22% 风险损失的层级每年获得 90 基点的溢价；承担 9% ~ 12% 风险损失的层级每年获得 150 基点的溢价，而权益层能获得超过 1400 基点的溢价，也就是在 iTraxx 投资组合中，承担违约风险第一损失的投资者每年可以获得大约名义本金 14.5% 的预期偿付。

自 2007 年夏天，市场参与者开始自己进行信用风险定价的评估（Borio 2008 给出了危机之初的概述），在此之后，投资级证券的溢价在短时期内大幅攀升，导致了大规模账面亏损，虽然不同资本结构的变化差异巨大，但是所有的层级溢价都出现了大幅上升。表 8.3 展示出了在 2008 年到 2009 年 1 月间，权益层溢价从 1 458 基点上升到 3 862 基点，占据 22% ~ 100% 的超优先层的溢价从 2007 年的大约 1 基点（危机前信用风险定价过低的一个迹象）上升到 2009 年的 60 基点左右。

表 8.3 欧洲主要的五年期限证券的 iTraxx 层级溢价报告：2007—2016 年

年份	权益层 0~3%	夹层 1 (3%~6%)	夹层 2 (6%~9%)	优先层 (9%~12%)	超优先层 1 (12%~22%)	超优先层 2 (22%~100%)
2007	758.18	43.88	12.38	5.88	2.25	0.88
2008	1 458.49	328.33	221.33	154.50	86.50	34.54
2009	3 862.11	1342.98	676.50	362.17	109.83	58.84
2010	1 394.49	414.50	254.53	131.87	52.78	23.72
2011	1 451.59	469.71	265.63	142.62	68.09	25.30
2012	2 652.44	1 032.11	605.94	350.75	161.66	30.98
2013	1 391.32	585.59	386.55	231.49	103.55	16.62
2014	930.15	306.20	191.59	123.33	62.56	22.50
2015	707.41	197.83	123.87	64.11	50.13	16.89
2016	1 387.95	340.38	113.31	56.97	42.86	14.20

资料来源：作者自行绘制。

数据来源：摩根大通银行。

这些变动暗示出投资者对资产损失越来越担忧，甚至是对 iTraxx 指数层级的资本组合中较高层级证券也出现了担忧。尾端风险在确定优先级和超优先级的价值中发挥了很大的作用（Andersen 和 Sidenius，2005），因此 CDO 中风险较低部分的价格变动可以反映出对那些影响力较大、发生损失概率较小的事件权重的重新评估。

趋势 3：公共部门的影响越来越大

欧盟资产证券化工具的一级市场和二级市场从 2008 年开始崩溃（见第 4 章），为了应对这种情况，政策制定者实施了一系列的支持措施，相较危机前，涵盖中央银行在内的公共部门对欧盟 ABS 市场的涉入有了明显的增加。

首先，为了应对国际市场动荡，主要的中央银行对重要融资市场注入大规模流动性，例如，自 2008 年国际金融危机加剧开始，欧元体系通过公开市场操作释放了大量欧元。一揽子政策确保了正常的市场运行，也确保了中央银行授权的货币政策的传导。

从历史上看，ECB 已经接受了范围十分广泛的抵押品工具，包括贷款和 ABS 层级（Bindseil，2016，对运行机制提供了更详细的阐述）。与危机相关的一个影响就是如今大部分新 ABS 交易被直接放置在一起形成欧元体系合格抵押品，从而获得中央银行的流动性支持，这种方法实质上使得银行能够通过 ABS 交易为其贷款获得间接融资。根据 2016 年的 AFME 数据，出售的 ABS 规模已达到 597 亿欧元，而自留规模达到 1 124 亿欧元。

在 2014 年 11 月，欧元体系扩大了其市场操作范围，从针对 ABS 抵押品的贷款到通过 "ABS 购买计划"（ABSPP）购买全部的 ABS 层级，AB-SPP 旨在帮助银行丰富融资渠道，刺激发行新证券。截至 2017 年 3 月，欧元体系所持规模达到 240 亿欧元，尽管相较 ABS 整体发行量而言这一数据十分庞大，但是却低于欧元体系购买的另一个资产，其所持资产担保债券的规模已超过 2 000 亿欧元，公共部门债务超过 13 000 亿欧元。[12]

其次，2008 年末，考虑到欧盟银行业面临着日益增加的压力，政策制定者对范围广泛的资产提出了 "资产救助措施"，从而提高了银行的偿债能力比率，支持银行获得资本市场融资。一般而言，资产救助措施是一种旨在 "救助" 银行 "受损" 资产的一种政府援助手段，"受损资产" 的概念随着时间的推移不断扩大。最初，受损资产主要是指那些内在重要价值远高于市场价值的资产，造成此现象的原因可能是减价销售的外部效应、流动性溢价或估值的不确定性（详见 Gorton 和 Metrick，2012）。然而，随着时间的推移，受损资产的范围开始涵盖那些预期损失较高的资产，以及预期损失较低、期限较长且持有至到期所需资金成本较高的资产。因此，从 2008 年开始，银行开始将如 CMBS、CDO、CLO 等许多证券化资产纳入到公开运行结构中，在许多情况下，这些 "坏账银行" 的负债与产生现金流瀑布的资产证券化的结构十分相似（详见 Boudghene 等，2010）。

对 ABS 市场的第三个主要的政府支持是对交易提供公共担保，具体来讲，欧洲投资基金（EIF）为银行提供了夹层支付担保项目，主要与随后讨论的合成证券化结构类似，EIF 通过 "掩护"（即 EIF 担保嵌入到 ABS

交易结构中）或者对风险的优先层或/以及夹层提供双边担保，拥有 EIF 担保的证券的信用风险评级大致分布在 AAA 级和低于 BB 级之间。从 1997 年到 2015 年 9 月，EIF 在 134 笔 "SME" 证券化交易中作为担保人，担保额大约为 94 亿欧元（Kraemer – Eis 等，2015）。

这些措施旨在促进银行对中小企业的放贷，而中小企业正是构成欧洲经济的主体，许多中小企业都主要依赖银行融资，很少能直接进入资本市场。如 IMF（2015）所述，SME 资产证券化是政府为促进实体经济复苏而采取措施的重要领域，从 IMF 角度而言，政策组合应该由监管动机（例如前文所述的 STS 资产证券化形式）以及提升必要的市场基础设施构成。

趋势 4：合成 ABS 越发重要

自 2008 年，市场还见证了银行发起层级产品的动机产生了巨大变化。危机前的许多交易是出于融资需求的目的，但资本的有效管理越来越驱动银行降低风险加权资产，中央银行的充足流动性要求是重要驱动力之一，这一要求也稳步降低了欧盟银行业的融资风险（详见 Bindseil 和 Laeven，2017）。

银行动机的变动尤其影响了合成型资产证券化。在发起人和投资者之间的风险转移方面，合成型资产证券化不同于实际出售的资产证券化，在传统的资产证券化中，证券化资产出售给 SPV，而在合成型资产证券化中，资产仍保留在发起人的资产负债表中，标的资产的信用风险通过金融担保或者信用衍生品转移给投资者，投资者会因承担了信用风险而获得收益。根据投资者的不同，交易可以分为融资或者未融资资产证券化，一笔融资资产证券化涉及通过 SPV 或发起人发行票据，最后会由投资者购买，票据的收益用以补偿违约风险保护的买方，其会在证券化资产发生信用违约事件时提供保护。因此，发起人并不承担违约风险保护卖方的违约风险，这与未融资资产证券化交易相同（见图 8.2 和图 8.3）。

作为市场的一部分，合成型资产证券化在过去几年越发活跃，2013 年的预估量仅为 200 亿欧元，而到 2016 年，市场规模预期达到大约 940 亿欧元（DB，2017）。

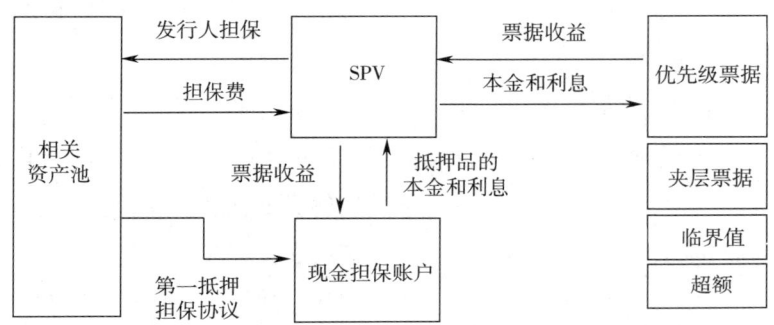

资料来源：作者自行绘制。

图 8.2　部分融资的合成型资产证券化

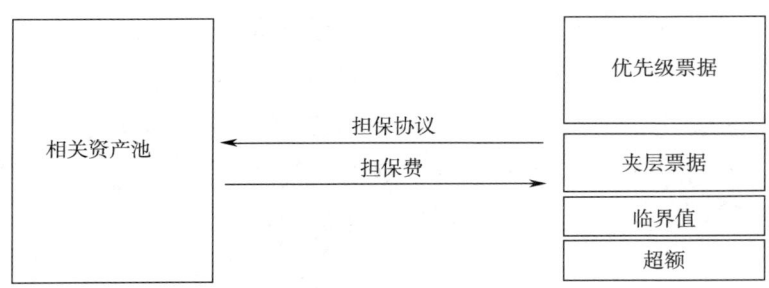

资料来源：作者自行绘制。

图 8.3　未融资的合成型资产证券化

合成交易由发起人管理，发起人仍会在其资产负债表中持有贷款，称为"资产负债表合成型资产证券化"，这些工具与旨在进行信用利差套利并且能够根据投资者需求构建的套利合成型资产证券化不同（EBA，2015），正如前文所述，这些套利工具在金融危机爆发后急速收缩。与此相反，资产负债表合成型资产证券化允许发起人管控其信用风险和资本折旧，此外，它还能减少管理工作和对标的资产的维护，降低资产出售的复杂性，以及为合格资产类别提供更多的灵活性，如 SME 贷款。

尽管传统的资产证券化和 ABCP 交易都要符合即将到来的 STS 准则，但是资产负债表合成型资产证券化却不在这之列，而发起银行持有 SME 资产证券化交易中的优先层将来可能会有一定的优惠待遇，[13]一项针对发起人持有的优先级证券的审慎措施如今正在讨论之中，以及资产负债表合成资产证券化是否需要满足一定的准则，这些标准中的一部分为与实际销售交易相关的 STS 准则，另一部分需要根据资产负债表合成资产证券化的特殊性、以及该交易关注的是发起人所持的层级票据而 STS 准则关注对投资者权益的保护的事实而进行替换或调整。现今，合格资本待遇只设想用于基于 SME 风险敞口并且信用风险通过公共部门或超国家担保人转移的交易。

合成信用风险转移的广泛使用可能会给银行带来新的挑战。首先，由于合成型交易普遍具有不透明性（通常仅仅是双边交易），银行资产负债表的复杂性可能会增加。其次，广泛使用合成型交易的银行可能会面临"回流风险"，这一概念阐述了大规模进行信用风险证券化的银行会面临突然的周期性下降，即投资者对新交易的兴趣突然消失，在这种情况下，银行要么会扩大其基础贷款（产生信用风险，随后回流到其资产负债表中，他们的资本状况会更糟），要么会拒绝借款人产生新的或扩大其贷款，这可能会造成对实体经济信用供给的急剧下降。[14]

结论

几乎没有一个像资产证券化一样的金融产品经历过相关监管的巨大变动，从次贷危机高峰开始，许多监管变动就已经实施，但是在撰写过程中，新框架的一些部分还未准备就绪，尤其是欧洲对新资产证券化框架的法律当前在最终敲定。

目前，在重启活跃的资产证券化市场前，仍有许多的挑战。一些市场观察者对新监管框架能否真正"重启"ABS 市场表示怀疑，[15]由此而论，对资产证券化、长期银行贷款融资以及资产担保债券市场进行比较是十分有益的，后者在欧盟金融体系中拥有悠久的历史，相较 ABS，其可以从激励问题中获得更多的保护，一个关键原因在于传统的资产担保债券通常拥有更严格的监管框架和更简单的机构，这就使得投资者更有动机去购买，因此，从资产担保债券市场中获得的一些经验就是 ABS 市场的现有监管改革应该在实际上有助于优化 ABS 的发行环境。

资产证券化特别是 STS 方法是建立资本市场联盟的首要工作（Constancio，2016），尤其是，一个健康的欧洲资产证券化市场反映出功能完备的欧盟资本市场，从这一方面来讲，旨在进一步推动欧盟金融市场一体化、丰富融资渠道以及增加对实体经济健康放贷的资本的试行条例是非常受欢迎的，对欧盟监管框架内资产证券化实体规则的完善是提升监管体系一致性和连续性的重要一步（详见 ECB，2016）。总之，政策制定者认为试行的监管条例找到了通过制定更加吸引发行者和投资者的资产证券化监管框架来复苏欧洲资产证券化市场以及维持监管框架审慎性的有效平衡。[16]

注释

1. 对次贷危机更多的阐述详见 Ashcraft 和 Schuermann（2008）。

2. 欧洲委员会"欧洲议会及其理事会关于资产证券化的共同准则以及建立简单、透明和标准资产证券化的欧洲监管框架的提议，以及对第1060/2009 条欧盟指令、2009/138 条欧盟指令、2011/61 条欧盟指令与监管（EC）第 1060/2009 条和（EC）第 648/2012 条的修订提案"（2015 年9 月 30 日）。

3. 详见 CRR 的 404 – 409 文献（欧洲议会及其理事会在 2013 年 6 月26 日的监管（EU）第 575/2013 条，关于信贷机构和投资企业的审慎要求及其修订（EU）第 648/2012 条）。

4. 证券交易委员会、联邦储蓄系统委员会、住房和城市发展部、联邦住房金融局、联邦存款保险公司和货币监理署：第 941 节多德 – 弗兰克华尔街改革和消费者保护法案，收录于 1934 年证券交易法案的第 15G 节。

5. 欧洲议会及其理事会 2013 年 5 月 21 日的监管（EU）第 462/2013

条，及其关于信用评级机构的修订监管（EU）第 1060/2009 条。

6. 见 CRAIII 的 8c 文献。

7. 见 CRAIII 的 8d 文献。

8. 见 CRAIII 的 8b 文献。

9. 欧洲议会及其理事会在 2009 年 11 月 25 日关于推动保险和再保险行业的第 138/2009 条欧盟指令（偿付能力监管标准 II）。

10. 详见 http：//www. reuters. com/article/abs – regulations – idUSL 5N1FM5KN。

11. 关于欧元区危机的背景研究详见 Blundell – Wignall（2012）。

12. 资料来源：http：//www. ecb. europa. eu/mopo/implement/omt/html/index. en. html。

13. 欧洲委员会"欧洲议会及其理事会关于资产证券化的共同准则以及建立简单、透明和标准资产证券化的欧洲监管框架的提议，以及对第 65/2009 条欧盟指令、2009/138 条欧盟指令、2011/61 条欧盟指令与监管（EC）第 1060/2009 条和（EC）第 648/2012 条的修订提案"（2015 年 9 月 30 日），CRR 第 270 号文献。

14. 详见 http：//www. fi. se/contentassets/15612df21ea642f0971ba98055398203/pm – vardepapperisering – 2016 – 12 – 01 – eng. pdf。

15. 详见 Batchvarov（2016），http：//www. ft. com/content/44d18c80 – e6d7 – 11e5 – bc31 – 138df2ae9ee6。

16. 参照 EBC（2016）第 1 部分。

第 9 章

结束语

本书通过学术研究对资产证券化市场的历史进程和当前发展进行了阐述，尤其是，本书洞悉了资产证券化发展的推动因素、其在 2007 年到 2009 年国际金融危机中所扮演的角色、如何改变了银行的放贷行为以及投资者——证券化资产的购买方——是否能够识别风险。本书还对不久的将来以及监管改革将会如何影响市场的走向进行了展望，更好地了解了危机前资产证券化市场的情况有助于推动强健资产证券化市场的形成，我们希望本书能够在这方面有所助益。

资产证券化是将金融资产组合转化为与原标的资产拥有不同风险状况的可交易证券的过程，它推动银行从持有贷款至到期的传统银行角色转化为将原始贷款变为证券化资产从而出售给第三方的模式。欧洲和美国资产证券化市场是全球最大的两个市场，但是主要由于抵押贷款市场的区域机制不同，两个市场拥有独特的发展路线。主要由于政府支持型企业的影响以及私人发行者的创新，美国的资产证券化市场自 20 世纪 70 年代开始显著发展，而欧洲市场出现显著发展的时间相对滞后，大致在 20 世纪 90 年代，主要是受私营机构的推动。

在 2007 年到 2009 年国际金融危机爆发前，人们普遍认为资产证券化有益于众多市场参与者——如银行、借款人和投资者——在金融体系内，一些学术评论和证据支持了这一观点。通过将非流动资产转化为可交易工具，资产证券化降低了银行对存款的依赖，并且丰富了融资渠道，从而降低了融资成本，较高的流动性和资产周转率增加了银行的盈利性。资产证券化被认为通过分散经济层面的风险，增加了金融系统的稳定性，促进了金融一体化。然而，一些危机前的文献同样强调了这些风险，资产证券化激励银行承担更多的风险、降低审查和监督动机并由此导致银行放贷标准的宽松，这些影响加上灵活的标的信贷市场的催化作用会破坏银行业的稳定性，从而危害金融稳健。

资产证券化市场在金融危机爆发前呈指数式增长，一些关于资产证券化对银行行为以及整体金融系统可能存在负面影响的担忧在危机爆发期间突然出现，部分实证文献认为资产证券化与此次危机有直接的联系，资产证券化推动了高风险的银行放贷以及金融系统内风险累积，这在 2007 年到 2009 年国际金融危机达到高峰。一方面，银行通过扩大风险抵押贷款和将其证券化，降低了放贷标准，尤其是对抵押贷款。另一方面，通过研究企业贷款证券化获得的结论是模糊且不确定的。信用评级机构低估了这些工具的风险，从而误导了 ABS 投资者以及监管者。有证据显示发行人与评级机构的密切关系也导致了评级的膨胀。另外，资本充足监管要求（巴塞尔协议）的缺陷激励了银行进行资产证券化，也在一定程度上通过这些结构性工具推动了银行业风险的积累。

因持有 ABS 而遭受巨大损失的投资者因其过度依赖信用评级而备受指责，证据显示他们试图脱离信用评级而不再只依赖于评级机构的评估，投资者通过多种方式试图规避已有的信息障碍，他们会对发行人的声誉进行评估，尤其是在信贷市场的信息不对称问题加剧时期。投资者质疑可能存在的评级买卖和评级虚高问题，所以会对这类交易要求更高的回报率，他们更喜欢那些声誉良好的担保人以保护其利息。另外，投资者更多地依赖当地银行的专业性，意识到银行投资组合中贷款的快速过度增长对这些资产池产生的 ABS 的质量的影响。

在金融危机后，监管者通过一系列旨在增加透明度、紧缩资本和流动性要求、重新制定信用评级行业的规则、要求投资者进行更多的尽职调查的措施寻求解决利益不一致问题，这些改革经历了多次改革，以实现对更有效的资产证券化市场的需求和增长的监管成本之间的平衡。